先人は遅れてくる

～パリのガイドブックで東京の町を闊歩する③

友田とん

代わりに読む人

パリのガイドブックで東京の町を闊歩するシリーズについて

本書はある日、啓示を受けたように思いついた「パリのガイドブックで東京の町を闊歩する」というナンセンスな言葉を、実践しようと試みる連作エッセイシリーズ第3作です。第1作『まだ歩きださない』では、その言葉の意味や、どうすればそれを実践したことになるのか著者自身もわからないまま歩くうちに、なかなかありつけないフレンチトーストへの切望が、カフカの『城』などに喩えながら綴られます。その後、パリのガイドブックで東京の町を闊歩するには、まずはパリのガイドブックを読まなければならないと覚悟を決めた著者は第2作『読めないガイドブック』で、全国各地を訪ねては、見つけたパリのガイドブックを買い集めますが、ガイドブックを通読するというのはなかなかの苦行で、一向に読み進められません。とはいえ、迷いながらも東京の町を歩き、パリのガイドブックに意識を向けていなければ気付かなかった物事を発見するうちに、日常の町歩きは冒険の様相を呈していきます。第3作となる本書ではいったい何が起こるのか。気になった作品から単独でも、また第1作から順でも、どちらでもお楽しみいただけます。

あぶないから
はいっては
いけません
常時3面窓
開放中
車のお祓い
参拝者駐車場
かん
待避場所

目次

第1章

半径1km圏内の言葉

気の早い門松かと思った。二〇二〇年の暮れ、十二月十七日のことである。日暮れまでにはもうしばらく時間があった。私は近所の静かな住宅街を散歩していた。人の気配はなかった。通りの片側には公園があり、頭上を公園から伸びた背の高い木々の葉が覆っていた。その木々の隙間から射した夕日が民家の前の駐車スペースを照らしていた。そこに置かれた子供の背丈ほどの植木が突然目に入ったのだ。なぜとっさにそれを門松と思ったのか。時期も時期だ。クリスマスツリーと思わなかったのはなぜか。オーナメントがぶら下がっていなか

ったからだろうか。そうかもしれない。しかし、オーナメントがないばかりか、松の枝や竹さえもなかったのである。植木にあったのは白く塗られた木札だけだった。

「空いてます」

駐車スペースに置かれた植木にはそう書かれた木札がぶら下がっていたのである。すると不思議なことに、その民家を通り過ぎた後も、「空いてます」という木札の言葉が頭から離れなくなったのだ。いったいなぜだろう。植木にぶら下げた木札の珍しさからか。あるいはその書体によるのか。いやそれだけではない。社会の仕組みなどまだ知らなかった頃の私が深層から顔を出したようだ。空いているスペースになぜ「空いてます」と札をぶら下げるのか。もちろん、その「空いてます」というのは、車が駐まっていない、ということを私たちに告げているのではない。特別な意味で「空いて」いることを言っているのである。それは

植木にぶら下げた木札には「空いてます」

具体的な車の不在ではなく、もっと抽象的な、あるいは社会的な意味を私たちに告げているのだ。

むろん、仮に木札の言葉がなかったとしても、何日間もずっと観察している者にとっては、この駐車スペースが空いていると気づくことはさして難しくない。向かい側の窓から見下ろす女性たちの声が聞こえてくる。

「あそこずっと空いてるわね」

「やっと気づいたのね。そうよ、あそこはもうずっと空いてるのよ」

「ずっと見てたの？　思った以上に暇なのね」

「暇じゃないわ……」

「そんなに気になってるなら、あなた借りたら」

「いやよ。だってわたし、車もってないもの」

しかし、ある一瞬にこのスペースの前を通る者にとっては、たまたまここに車が駐まっていないのか、それとも借り手がおらずずっと空いたままになっているのかを判別するのは難しいだろう。むろん、全国各地、数多の駐車スペースを再生させてきた経営コンサルタントの石井茂にとってみれば地面に生える雑草や砂利の散らばりかたや、はたまた私たちにはその存在すら認知されることのない事象から、しばらくここには車が駐まっていないという事実をたちどころに指摘することも難しくないかもしれない。

――あなたにとってプロフェッショナルとは?

「一瞬の中に、すべての場所と時間を見いだす能力のことです」

だから、裏返せば、そのようなプロの手を借りずとも、大量の駐車スペースと見比べることで、このスペースが「空いて」いると言い当てることはできるのかもしれないし、また仮に専らこのスペースを眺めているだけだったとしても、長時間観察すれば、さっきの女性の声のように、駐車スペースが「空いて」いると結論づけることも可能だろう。だが、たまたま前を通り過ぎた者にはそれを言い当てることはできない。ところがたまたま通り過ぎただけの私に、その困難の壁を一瞬でひょいと飛び越えさせてくれたものこそが、この「空いてます」という抽象的な言葉の書かれた一枚の木札である。

　抽象とは複数の時間や場所をまるで一つのこととして眺めた時に発せられる言葉である。町を歩いていると、不意に抽象的な言葉が飛び込んでくることがある。果たして私にそれを受け取ることができるだろうか？と不安がよぎる。しかし、心配ご無用。抽象的な言葉はそれが抽象的であるが故に瞬時に受け取られる。なぜか？　それはどういうことかと疑問を人に持たせるからだ。ぼんやりしていても見逃すことはない。そう言えば、私が「パリのガイドブックで東京の町を闊歩する」というよく意味のわからない言葉を受け取ってしまった時もそうであった。私が言葉を受け取ってしまったのは、それがよくわからない抽象的な言葉であるからだったのだ。単に具体的なレベルの言葉であれば、気にも留まらなかったに違いない。空いているのに、わざわざ「空いてます」と看板を立てる。そのことによって、そこがただ空いている以上の抽象的な事実を私に伝えていたのだ。パリのガイドブックで東京の町を闊歩するという言葉も、単に具体的な事実であれば、そのまま忘れ去っていただろう。

もちろん、抽象的な言葉は受け取ったはいいものの、そのままではどうしようもない。だが、そうした抽象の言葉は常に具体を包含しているのだ。「空いてます」が、実際にその日その場所が空いていることを少なくとも意味するように、パリのガイドブックで東京の町を闊歩するという言葉を字義通りに受け取ることはできる。であればこそ、意味がよくわからなかった私にも、それをただ実際に試してみるという道が用意されていた。そこに私は一縷の望みを託したのであった。

その後も、しばしばその近所の住宅街を通る度に、「空いてます」と書かれた木札のかかった植木を見た。なぜか、それがそこにあるだけで安堵すらした。今日も空いているな。空いているんだなあ。そう思うと何かうれしい気持ちになった。しかし、空いていることをもはや気にもしなくなったある日のこと、そこを通りかかると、例の木札は突然なくなっていた。植木もどこかに持ち去られていた。その駐車スペースに車は駐まっていない。それだけではない。植木も木札も何もない。ただ駐車スペースがあった。ただし、その駐車スペースはもう「空いて」はいないのだろう。そこに何もないということが、逆に「空いて」いないことを物語る不思議に私は驚きの声をあげずにはいられなかった。あったことを知る者だけがその沈黙に意味を読み取ることができる。沈黙が多くを語る。何もないところに、実に多くの声なき声があるのだ。それを聞き逃さないようにしなければならない。抽象的な言葉を受け取ることに比べれば、沈黙から声を聞き取ることははるかに難しい。沈黙こそ本当の言葉である。そして、本当の言葉を聞き取ることはそれほど簡単なことではないのである。

＊

私は朝が弱い。ひょっとして寝過ごしてしまったのだろうか。毎朝、ハッと思い出して起き上がる。ゴミ捨てのためだ。毎日何でも回収してくれれば、眠たい日はまた明日と寝ていてもいいのだろうが、曜日によって可燃ゴミ、不燃ゴミ、資源ゴミ、それに古紙などと細かに分かれている。二週に一度のものもある。だからその日その日を逃すわけにはいかないのだ。寝間着のまま、ゴミ袋を提げて路地の入り口の角を目掛けて急ぐ。むろん、そこにまだゴミがあれば、それは回収車が来ていないことを意味するわけだが、ゴミ袋がたった一つだけぽつんとあるというような場合、これは本当にまだなのだろうかと不安にならずにはいられない。何しろ、近所に住む世帯は一軒や二軒ではない。さすがに週に一度の収集に集まったゴミ袋が一つというのは妙ではないか。ひょっとしたら、回収の済んだ後で誰かが出してしまったのではないか。こういう時、すでに回収された形跡はないだろうかとはっきり探すわけでもないが、案外高度な認知能力を私たちは駆使して様子を窺うものである。私は回収が済んだところへ捨てられたゴミ袋に、もう一つゴミ袋を加えんとしているのかもしれない。いいのだろうか？　そうは言っても、寝ぼけたままの私はその隣に自分の袋を出す。午後になって再びゴミ捨て場を通りかかると綺麗にゴミはなくなっており、ああ、よかった、まだだったのだと胸をなでおろす。稀にゴミの少ない日。そんなこともある。

　資源ゴミの場合はどうか。ビン、カン、ペットボトルとそれぞれ別々のコンテナやネットが用意されていて、それが収集所にあれば未回収、なくなっていれば回収済みというわけだが、実際の状況はもう少し厄介である。しばしば、折り畳み式のコンテナ（オリコン）があるにはあるが、畳まれているのである。青いコンテナはカン、黄色いコンテナはビン。カンを出しに出たのに、青いカンのコンテナはすでに折り畳まれていて、黄色いコンテナだけが立っている。誰に教わったわけでもないが、それとわかる。畳まれているから回収済みなのだ。だが、畳まれているのは単にまだ誰も今日はカンを捨てていないだけではないか、などという考えが寝ぼけている私の頭をよぎるのだ。当日、早朝にゴミ捨て場に畳んだままのコンテナを何者かが置いていく。それを最初の人が組み立てる。セルフサービスである。時刻は九時。私が今日このあたりで最初にカンを捨てる人間なのではあるまいか。しかし、それもまた寝ぼけて考えているにすぎず、それ以上深く考えるわけではない。

またある日、私は通院のため、駅の方へと歩いていた。その日は資源回収の日ではなかったが、自宅の通り一本向こう側を歩いていると、町や丁によってゴミの曜日は異なり、そのあたりはその日が資源回収の日であるようだった。通りの両脇のあちこちに黄色や青のコンテナが置かれている。あるものはオリコンで、またあるものは頑丈なプラスチックの四角いバスケットである。

そして、じっと見ると、黄色いバスケットだけが裏返されていた。覗き込むと、裏返されたバスケットには、つまりバスケットの裏には、「回収終了」のプレートが付いていた。回収員が回収し終えると、バスケットを裏返す。以降、やってきた人はその裏側に付けられた「回収終了」の文字から回収が終わっていることを知るのである。なるほど、その手があったか。では、オリコンの場合はどうだろうか？　これもまた、回収すると同時に作業員が折り畳むのだろう。折り畳んだ状態のオリコンは、上面に「終了」の文字が来る仕掛けになっているのだ。

　ということは、つまり早朝にこのコンテナを収集所に置く時、組み立てて置かれるということなのだろう。むろん、薄々そうではないかと考えていたのだが、これほど真剣に考えたことはなかった。何しろ、これを考えるのは眠気も覚めきらぬ朝ゴミを出す時だけだからだ。

　朝食を済ませて通院する道、私は冴えていた。だから、次から次へと視界に入ってくるこの資源ゴミのコンテナを一つも逃すまいと観察していったのである。するとどうだろう。組み立てられたオリコン、折り畳まれたオリコン、裏返されたバスケット、上向きのバスケット。だが、それだけではない。半分折り畳まれたバスケットもある。上から見ると、半分側

は「終了」と書いてある。半分回収終了したのか。あるいは、こんなものもあった。未回収の黄色いコンテナの下に、折り畳んだコンテナが敷かれていたのである。このコンテナを二度と組み立ててはならない、このコンテナには手を出すな、という意志すら感じるではないか。あるコンテナは畳まれたまま地面に置かれており、またあるコンテナは折り畳んだだけでは飽き足らず、電柱の側の塀に立てかけられている。つまり、コンテナは「未回収」、「回収終了」という二つの状態を伝えているだけではなく、無言のうちに、もっと積極的なメッセージを発していると言うべきかもしれない。

だが、資源ゴミの回収のために、「未回収」か「回収済み」以外のメッセージを伝える必要があるだろうか？　こういうことだろう。私があまり真剣に考えてこなかったように、多くの人がこのコンテナの発する本来の未回収／回収済みというメッセージを正しく受け取らないのだ。折り畳んである、あるいはひっくり返っているのに、それを元どおり組み立てて、そこに資源ゴミを入れてしまう者があとを絶たないのである。だからこそ、コンテナを畳ん

回収済みのコンテナの上にコンテナを積む

だ上で、他のコンテナの下敷きにしたり、電柱の後ろの塀に立てかけたりするわけである。

そして、それは単によくわかっていない者だけのせいではないのかもしれない。折り畳みコンテナが折り畳まれているのを、あら畳まっていると思って、ちゃんと組み立て直す。ひっくり返っているバスケットを、誰がイタズラしたんだかと義憤にかられながら、元どおりにする。そういう人がいるのだ。その人自身はその日カンもビンも捨てるわけではないのかもしれない。

「私はほらカンとかビンは出ないの。何でも紙パック。紙パック入りの方が安くて、折り畳めてコンパクト。後も便利でしょ」などと言う人である。自分は捨てないけれど、見かければバスケットを表にする、オリコンを良かれと思ってなぜか組み立ててしまうのだ。善意の人である。だが、善意の人だからこそ、問題は根が深い。

善意の人に沈黙のメッセージは届かないらしい。私も良かれと思ってやっていたことが、実は知らぬところで問題になっており、犯人探しが行われていたという経験がある。小学校の掃除道具のように、実家の店の床を箒で掃いたあと、箒の毛を上にして壁に立てかけて置いた。誰がそんなことをやったのだと問題になった。どうもそれは客に「帰れ」というメッセージを与えるらしい。コピー機でコピーをした後、蓋を下げずに上げておく。そうすれば、次の人は、すぐに原稿を載せてコピーできるから便利ではないか。しかし、そうしておくとガラスの上に埃が溜まってしまう。蓋は下げるのが正しいらしい。あくまで良かれとやったことが裏目に出る。

善意の人はまた来る日も来る日も自分が捨てるわけでもないのに、カゴを元どおり上向きにし、その直後にやってきた人が、よかった間に合ったとゴミを入れる。もう終わっているのにである。しかし、そんなトラブルは聞いたことがない。実際にはそれほど起きていないのだ。

コンテナが上に向けて口を開いている時、あるいは折り畳みコンテナが組み立てられている時だけ、それは無言で「受付中」と言っている。やはりその時だけ受付中であり、受付を終えると、虚空にコンテナごと消え去ってしまうのである。沈黙が、あるいはコンテナの存在だけが、資源ゴミが受付中であることを伝えている。

何も特別な言葉だけが言葉ではない。町のいたるところにあり、多くの人の目に触れている。半径1㎞圏内にある言葉である。

＊

また、ある日、商店街を歩いていたら、突然看板の文字が目に入った。

「あぶないからはいってはいけません（危ないから入ってはいけません）」

ビルを解体して更地になったこの場所にロープが張られ、看板が取り付けられている。だ

危なそうに見えない更地

が、茶色い土の更地がずっと奥まであるだけで、私にはそれほど危ないようには思われない。危ないことよりも、入ってはいけませんに力点が置かれているのかもしれない。正確に言うならば、単に「入らないでください」なのかもしれない。しかし、それでは弱い。酔っ払った輩が、あるいはふざけた連中が、低くに張られたロープをリングに上がるように跨いで中に入ってしまうかもしれない。そこで「入ってはいけません」になるわけだが、それも言葉尻だけの問題だ。そこでこう言ってみることになる。「あぶないからはいってはいけません」だが、真っ平らな更地は、どれだけそう言ってはみても、やはり危なそうには到底見えないのである。

「あぶない!!　はいってはいけません!!」

別の場所に同じような注意書きがあった。どうせさして危なくもないだろうとフェンスの

語気を強めて言う。箒まで逆さにする

向こうを覗くと、しかしその向こう側には地面がなかった。これは確かに危ないので入ってはいけない。驚くことに、フェンスの数センチ向こう側から5mほども深く掘られていて、一歩入れば真っ逆さまに転落してしまう。知らずに踏み外せば、大怪我だ。むしろ、ここは本当に危ない。よく見ると「!!」と語気を強めているようだが、本当に危ないのだから、「入ってはいけません」では足りないくらいであり、「本当に危ないので入ってはいけません」とか「真っ逆さまですよ」と書くべきであろう。いや、そもそも看板で注意するだけで横着しているのがおかしいのかもしれない。いつでも人を立たせて、近寄る人に危ないので近寄ってはいけないと注意すべきなのかもしれない。あちこちにある「危ないから入ってはいけません」によって、この看板は注意喚起する力を失っている。言葉は時に真意を伝えない。場合によってはむしろ真意を覆い隠す。町に言葉が溢れているからだ。しかし、本当の言葉は少ない。何が本当の言葉なのか？　どうすれば本当の言葉にたどり着けるのだろうか。

「パリのガイドブックで東京の町を闊歩する」と繰り返し唱え、その言葉を文字通り実践し

深さはビル3階分？　本当に危なかった

ようと試みてきた私は、前作『読めないガイドブック』の終わりでついに「準備体操はできた」と言った。はたして、あれは本当の言葉だったのだろうか。意識を朦朧とさせうわごとのように言ったわけではない。だが、いったい何が「準備体操」なのか。時間が経ち、それがよくわからないのである。むろん、出鱈目を言ったつもりはない。そう書いた時、確かに私は準備体操ができたと思い至っていた。その理路を忘れているだけだ。だとしたら、もう一度頭から読み返していけば、その先端で「準備体操」の意味を取り戻せるのではないか？　こうして私は頭から読み返しはじめた。そして、あるところに引っかかりを感じたのである。

パリのガイドブックで東京の町を闊歩するためには、少なくともガイドブックを読まなければならない。そう考えた私は、行く先々でパリのガイドブックを買い集めた。北は秋田から、西は福岡まで。その途中、愛媛県松山市にある本の轍という本屋さんを訪ねた時のことだ。最初、連絡すると、訪ねようとした日が店休日だったのだが、すぐに連絡があり、その時間帯だけ店を開けてもらえることになった。その経緯をこう記している。

これで四国は全県に行ったことになると思った。その時、いくらかはお遍路が頭をよぎりはした。幸いにもお店を開けてもらえたのは、弘法大師のご利益かとまでは思わなかった。私はお遍路していたわけではなかったからだ。

『パリのガイドブックで東京の町を闊歩する2』p.20

読み返してみて、ここで引っかかったのだ。事実、弘法大師のご利益かとまでは思わなかったし、まったくと言っていいほどお遍路のことを気にしてはいなかった。お遍路のことがわずかでも気になっていたら、四国を訪ねた何遍かの間に寺を一つくらい参っていてもよさそうなものだからだ。弘法大師のご利益かとまでは思わなかった。思わなかったのだが、思わなかったというなら、あれもこれも、思わなかったことなど無数にある。にもかかわらず

あえて弘法大師の名を挙げていることは考える余地がある。「編集後記」を見返すとそこにこう書かれている。

（新型コロナのために）まさか人々が気軽にパリへ旅行するのも難しくなるとは予想もしませんでした。しかし、考えてみれば、気軽にはパリを訪問できなくなった今こそ、パリのガイドブックで東京の町を闊歩する方法が、精進料理のように求められていると言えるかもしれません。

もちろん私が自分で書いたものだが、「準備体操はできた」と思い至った人間がその直後に自分のやっていることを精進料理に喩えている。お釈迦様の手の内を必死に飛び回っている気がしなくもない。どうも私は弘法大師に導かれている。信心深さのかけらもないが、そんな気がしてくる。

「弘法大師のご利益かとまでは思わなかった」

ひょっとしたらこの一行が書けたことこそ、準備体操だったということなのかもしれない。

（二〇二一・四）

第2章

弘法大師のご利益か

高野山で働く人々のドキュメンタリー番組を観たことがある。なぜそれが録画してあったのか思い出せないのだが、ちょっと面白いシーンがあり、はっきりと記憶に残っていた。何も空海、弘法大師との関わりを見出せない私にただ一つの接点だった。空海に供える食事の番をする僧侶たちが厨房で支度していた。毎日、帳面に書き記して献立が被らないように工夫しているという。カメラが帳面を捉える。そこに大きな文字の毛筆で「チンジャオロースー」とあった。精進料理にチンジャオロースーがあるのかと私は感心したが、肉の代わりに

何か別のものを使うのだろうとすぐに思い直した。さらにその当番の僧侶が言った。

「お大師さんも、和食ばっかりやと飽きはるんちゃうかなと思いまして」

お供えする食事に仏様が飽きることがあるなどとは考えたこともなかった。実家の仏壇には普段、盛った米しか供えたことはなかった。供えた飯を食べれば賢くなると言われて、仏壇から下げてきた飯を飽きもせずによく食べた。まさか、修行の身である僧侶があとで食事する時に、和食ばかりでは飽きてしまいますので、ということではないのだろう。俗世を離れた僧侶である。決してそんなことはあるまい。それでもここには何か本当の言葉があるような気がした。

それからもう一つこの番組で記憶に残っているのは、ごま豆腐屋さんの風景である。高野山には多数の寺があり、それぞれの寺からの注文を受けて、ごま豆腐屋はごま豆腐を製造し、水を張ったバケツのようなものにごま豆腐を浮かべて、寺々に届けていく。そのバケツが青い。カン回収のあのコンテナと同じ色であった。「どうも〜、ごま豆腐お届けにあがりました〜」と言って、勝手口で靴を脱いで上がり、ごま豆腐を浮かべた青いバケツを提げて、寺の厨房へと暖簾をくぐっていく姿が焼き付いている。

しかし、こうして書き出してみても肝心の空海の教えについては何も憶えていないし、思い出せない。これはいい機会である。今こそ、あの録画してあった番組を観ようと思い立った。ところが、そう思った途端にテレビが故障してしまったのである。

ちょうど地上波がデジタル放送に切り替わる二〇〇八年か九年頃に買い換えたもので、かれこれ十年以上も使用したことになる。そろそろ故障してもおかしくはない。ただ困ったのはそれが録画機能も内蔵した一体型テレビであったことだ。というのも一体型製品は、どこかが故障するとすべてがパーになってしまうからである。今回の場合、テレビのモニターの調子が悪く、テレビを観ていると片側が突然暗くなるという症状が最初に出た。バックライトが球切れしているのではないか。むろん、片側だけでも映ればまだいいのだが、そのまま観つづけていると、画面自体が消え、本体の電源ごと切れてしまう。昔のように、テレビはテレビ、ビデオはビデオなら、ビデオを別のテレビに繋げれば問題なく観られるわけだが、こうなると手も足も出ない。

こういう時、一つの方法は、しばらく放ったらかしにしておくことだ。案外これでテレビなんかは治ってしまう。叩いたりしなくても、けろっと元どおりになっていたりする。実際、何日かぶりにテレビのスイッチを入れると、しばらくは普通に映っていた。それであれこれ安心してテレビ番組を楽しんでいたが、そろそろ高野山のビデオをと思ったところ、突然、画面が暗くなり、そして電源が切れてしまったのだ。そのうち、電源それ自体がつかなくなった。なぜ調子のいい間にすぐ観なかったのか悔やまれた。

これはもうプロの手を借りなければならない。観念して、メーカーのサービスセンターのWEBサイトから修理の申し込みをした。一週間ほど先の日時が空いていた。出張修理の訪問に一万円近く掛かると書いてあった。なかなか痛い出費だが、それもやむを得ない。

それからしばらくテレビのない生活が続いた。部屋はしんとしている。たまにラジオをつけたり、音楽を流したりする。しかし、無意識に流していたテレビというのはすごいもので、以前なら部屋に帰ってくると、カーペットに腰を下ろす瞬間にリモコンのボタンを押し、腰が接地するよりわずかに先にテレビの電源を入れるのが常だった。故障してしまった今、意識的にラジオや音楽を流さなければ部屋は無音である。ある日の午後、蟬の声が聞こえてきた。蟬の声に耳を澄ましていると、突然インターホンが鳴った。

「テレビの修理に伺いました」

テレビの前にスペースを空け、上がってもらう。青い作業着に重たそうな黒いアタッシュケースを提げたサービスエンジニアの男性は、ネームプレートを提示してから、靴を脱いで、

「失礼いたします」

と言って部屋に上がった。こちらですと案内するまでもなく、狭い部屋の壁面のラックにテレビが鎮座している。早速、テレビの前に座り、彼は作業を始める。

「電源を入れると、すぐに画面の左半分が暗くなって、数秒もしないうちに電源が落ちるん

です」

私が説明すると、相手はただうなずいて、なるほどなるほどと言い、抜いてあった電源プラグを挿してから、リモコンで電源を入れた。こういう時にしばしば起こるように、テレビは普通についた。

「ああ、映りますね」

ふたり並んで画面を眺める。大相撲の中継である。幕下の取り組みを告げるNHKアナウンサーの声と場内の歓声が聞こえてきた。引きの映像にきちんと土俵が映っており、東〜、西〜とテロップが出た。

「おそらく、片側だけ消えて暗くなるということは、モニターのバックライトが球切れしているんだと思います」

しばらく、彼の説明を聞いていると、目の前で画面半分が暗くなった。あっと声が出た。東側、いや西側だけか？　これでは一人相撲だと思ったかどうか定かではない。十秒ほどす

ると、パチンと電源自体が切れて、故障が再現した。故障して喜ぶのもおかしな話だけれど、

「ああ、消えましたね」

と言った私は少しうれしそうにしていて、一方、彼はそういう訓練をしているのか、至って冷静で表情を変えたりはしない。電源プラグを抜き、モニターを裏返すと、ネジを回してカバーを外し、中を確認する。

「モニターのバックライトの球切れですね」

ならば電球を替えてもらうだけと合点しかけると、

「ただ、こちらの製品は製造から年数がかなり経っていまして」と相手は神妙な表情をする。

「部品の方もメーカーの保管年数が過ぎており、残念ながらメーカーにももう残っていないんです。本体自体は正常なようですが……」

困ったなと私は思う。

「どうにかなりませんか？」

高野山の番組を観ないといけないのです、と心の中で言った。

「何かデータだけでも取り出せたりは？」

裏技のようなものをこっそり聞き出せないだろうかと私は思った。それに、彼は何か言うべきかどうか迷っているような表情を浮かべていたからだ。しかし、それは単なる気のせいだったらしい。

「残念ながら、方法がないと思います」

と言う。そうですかと落胆していると、

「ところで、」と彼が口を開いた。「この機種の電源アダプターが発煙の可能性がありまして、無償で交換しております。つきましては、本日交換させていただいてもよろしいでしょうか？」

すでにテレビは故障している。もう使い道はないのかもしれない。その電源アダプターを交換してくれるという。意味のない交換のような気もするが、してもらったところで別に困りはしない。お願いしますと私が答えると、彼はアタッシュケースから黒いビニールの包みを取り出し、封を切った。

「一体型のテレビだとモニターが壊れると、録画したものも見れなくなるから不便ですね」

そう私が言うと、古いアダプターを交換しながら、視線を手元に落としたままで彼は独り言のようにつぶやいた。

「一体型とは言え、これと同じ機種でなくても、同じシリーズのモニターさえあれば、動くんですけどねえ……」とか「ネットオークションなんかに出てたりするみたいですけど……」などと言う。あくまでメーカーのサービスエンジニアとしてではなく、個人的なつぶやきのていで私に解決策を示してくれているようだった。

アダプターの交換を終えると、不具合のある古い電源アダプターを片付け、アタッシュケースに収められた小型プリンタから今日の出張修理の明細書を印字する。小さなアタッシュケースには実にいろいろなものが収まっているものだ。

「では、こちらが本日の出張修理の明細書です。電源アダプターの不具合で、無償の交換修理を行っております。本日はモニターの故障を拝見しましたが、アダプターの交換に伺ったということにさせていただきまして、費用は無料とさせていただきます。よろしければこちらにサインをお願いいたします」

モニターは生き返らなかった。高野山の番組は観られない。それでも、出張修理を頼んだからには、それなりの修理代は覚悟していた。ところが、予想外に無料で済んだ。だが、この日も私は「これも弘法大師のご利益か」とは思わなかった。

まだ夕方までは時間があり、暑い部屋の外へとサービスエンジニアを見送ると、コーヒーを入れて飲み、そして考えた。何も手がないわけではない。正式なメーカーの補償修理は叶わないが、中古品を手に入れれば、なんとかなる。「ネットオークションで同じシリーズのモニターを見つければ」と彼は言っていた。すぐにネットオークションサイトで検索してみると、ちょうど入札中の商品がいくつか出てきた。これを購入してしまえばいいのだろうか。

値段を確認すると、二万円ほど。うーん、どうか。えい、代えの利かないものだ、この際、買ってしまえ、と決心した時、商品説明の下に書かれた出品者からの注意書きが目に留まった。

「座間市まで受け渡しに来られる方に限ります」

いざパリのガイドブックを片手に座間へ向かう!とはならなかった。車を持たない私にそれは無理だった。では、ネットオークションのもう一件は? もっと近くであってくれと祈りながら確認してみると、今度は「札幌」だ。やはり「受け取りに来られる人に限る」とあった。さすがに、テレビのモニターを受け取りに札幌は無茶だろう。

だが、この偶然見つけたネットオークションの出品のおかげで、突然私に古い記憶が蘇ったのである。大学で所属していたサークルの後輩に杉村という男がいた。年次でいうと二つ下だったと思う。日銭を稼ぐ商売人の家から出てきた私とは違い、裕福な家で育った坊ちゃんらしい育ちの良さがそこにいるだけで伝わってくる男だった。そのまま進学すれば入れる大学のある高校から、あえて別の大学に受験をして入った努力家でもあった。彼が何年生の時のことなのか、ちょっと思い出せないのだが、私が大学院に上がり、サークルからも離れた頃、杉村はある人気バンドの元ボーカルがプロデュースする女性アイドルグループに熱をあげていた。そういうのにはまったく興味のなかった私に詳細はわからないのだが、出演するテレビ番組をチェックするだけでは飽き足らず、必ずビデオに録画するようにしていたらしい。まめな男なので、毎週きちんと録画して保管し、繰り返し観ていたのだろう。ところが、あろうことか、ある日野球かサッカーの中継が延長して放送時刻が三十分ほどずれたのか、それとも臨時のニュースか何かのせいか、番組の録画に失敗してしまったのだ。昔の人間なら誰にでも、これは一回や二回覚えがあるにちがいない。杉村は極めて深刻なショックを受けた。毎週欠かさず視聴し、さらに繰り返し繰り返し観て発言を諳《そら》んじるほどであった番組の肝心な一回を見逃してしまったわけだ。はあ、どんな番組だったのか。あの子はなんて言っただろうか。あまりのショックに食事も喉を通らず、熱を出して寝込んでしまったかもしれない。むろん、それほど熱心ならなぜ放映時間にテレビの前に座っていなかったのかという批判はもっともだ。とは言え、若い男のことだから夜に何か約束があってもそれは仕方がない。観たいテレビがあるからと人との付き合いを断るほど社会性に欠ける人間では決してなかったわけである。社会性はあった。だが困り果てていたのだ。しかし、救いというものがもたらされるとしたら、そうして困り果てている者に対してなのだ。ふと彼は思い至った。この番組は地方では遅れて放送しているのではなかったか？　調べてみるとその通りで、札幌では二週遅れで放送されていた。そこで彼は札幌に向かうことにした。これで番組を観ることができる。そうと決まれば行動は速い。フライトを予約した。なるだけクリアに観たいという気持ちからか、札幌のテレビ塔の足下近くのビジネスホテルを予約した。

「今度、札幌に行くんだよ〜」

と友人に言ったかもしれない。ただ、友人たちも、杉村が見逃した番組のチェックのために行くとは思いもしなかっただろう。杉村は札幌に着いた。ホテルにチェックインした。そして、思い出してしまったのだ。あの番組を全部ビデオに録画して保存していたのだったと。しまった、それは考え漏らしていた。どうすればいいのだろう。考えに考えた杉村は札幌の繁華街にある家電量販店に急行した。テレビとビデオが一体になったテレビデオを購入するためである。そして、それを抱えるようにしてホテルに戻った。背が高くガタイのいい杉村にとって、テレビデオの入った大きな段ボールを抱えて運ぶことはそれほどの苦ではなかった。何ならむしろ、アイドルグループの出演する番組を抱き抱えているに等しかったからだ。場合によっては自らもその重労働で役割の一端を担っているような、歓びと清々しさに満たされていた。杉村は地下鉄から地上に出ると、目の前に聳えるテレビ塔を見上げ、なんともいえぬ気持ちになっていた。ホテルに入り、エレベーターで自室へと戻ると、段ボールを開けテレビデオを取り出した。ところが、そこで愕然とすることになった。何しろ、壁から出ているアンテナ線がテレビにきちっと固定されているばかりか、テレビ台は壁にネジ止めされており、アンテナ線を繋ぎ替えようにも手を入れることさえできなかったからである。ここでもし、経営コンサルタントの石井茂がいたならば、杉村になんと言っただろうか。ホテルの支配人の皆さんには、アンテナ線は一センチたりとも無駄にしてはなりませんとアドバイスしているんですよと言ったかもしれない。しかし、そんな話をされたとしても、持ち込んだテレビデオでどうしても録画したかった彼には何の役にも立たなかった。杉村は考えた。ここは札幌テレビ塔の真下である。ここでなら、アンテナ線になど接続せずとも、テレビは綺麗に映るのではないか。彼は迷わず実践した。テレビデオをテーブルの上に置き、電源プラグを壁のコンセントに挿し、電源を入れた。だが、テレビはザーザーと鳴るばかりで、テレビ番組は映らない。チャンネルを回してみるが、どれも状況は同じである。杉村は思い付いた。窓際なら。そこで、一度電源を抜いて、窓際まで持って行き、もう一度コンセントに挿し直して電源を入れた。今度はザーザーと鳴る中から、かすかに人が話す声が聞こえてきた。だが、やはり画面は砂嵐のままであった。折角大枚はたいて買い求めたテレビデオは無駄になってしまったのだ。むろん、ホテルの部屋にテレビはある。その晩、杉村はホテルの部屋で、東京で見逃した番組を、記憶に必死に焼き付けようと、猛烈な集中力で視聴したに違いない。目の前に録画機能のついたテレビがあるにもかかわらず、それを録画することは叶わない。これが世界で一番最後の放映である。一回しか観られないその番組を必死に観たはずである。そのような顚末を彼は同級生の誰かに話したのだろう。ただ、その一回きりの番組を彼がどう観たのか、どう感じたのかについては伝わっていない。札幌で購入したテレビデオはその後どうなったのかも、わからない。ホテルに放置していくわけにもいかず、かといってそんな短時間に誰かに譲ることもできない。飛行機に持ち込んだか？　まさか。おそらく宅配便か何かで東京の自宅に送ったのではないだろうか。

杉村が今どこで何をしているか、私にはわからない。最後に会ったのは十五年以上前のことだ。今でも彼は件のアイドルグループの愛好家のままだろうか。むろん、愛好家のままであったとしても一向に構わないわけだが、やはりそれだけ年月が経てば、嗜好にも変化があるものだ。かつては諳んじることもできた番組でのアイドルの発言も、もう忘れてしまっているかもしれない。そして、録画できなかった番組を思い出すことも滅多にないだろう。だが、それでも札幌まで見逃した番組を見に行ったこと、なんとかして番組を録画しようとテレビデオまで現地調達したこと、しかしながら無念にも録画が叶わなかったことを決して忘れていないだろう。それは無念や絶望ではなく、何かを熱烈に愛していた思い出として記憶に深く刻まれているはずだ。

何かを求める旅という概念が私の心を強く打つのだと思う。だからこそ、杉村の話を私はいつまでも憶えているのだ。何を求めていたかはこの際どうでもいいのかもしれない。少なくとも私にはまったく興味のないものだった。だが、何かを求める旅を思い出し、何かを弔っているような気持ちになる。そして、また私も「パリのガイドブックで東京の町を闊歩」しようと、ガイドブックを読み、あちこちを訪ね、何かを求めているのである。それはただ解答が得られればよいという類いのものではない。杉村の話にしても、これが札幌への旅行を計画し、見事に番組を録画してコレクションに加えたというだけなら、私の心をこれほど強くは打たなかっただろう。これは極めて不思議な話でありながら、もっともな話である。私は結果ではなく、プロセスに何かを見出しがちであるのかもしれない。しかし、そう簡単に片付けてしまうと、何かがこぼれ落ちてしまったような気持ちに襲われるのである。

旅をつづけるうちに、手に入れようとしたものが、振り返るとすでに手に入っている、という話が好きだ。例えばそれですぐに思い浮かぶのが『オズの魔法使い』である。カンザスの田舎に暮らしていた少女・ドロシーが、突然の竜巻で家ごと吹き飛ばされ、魔法使いたちのいる奇妙な国にやってくる。どうしても家族の暮らすカンザスに帰りたい。そう願う彼女に、オズの魔法使いならその願いを聞いてくれるかもしれないと教えてくれる人がいた。そこで、願いを叶えてもらおうとオズの魔法使いの元へと向かう。その途中で、仲間と出会う。ブリキの木こり、わらでできたかかし、そして臆病なライオンに。彼らもまたそれぞれ叶えたい願いを持っている。ブリキの木こりは人を愛する心、かかしは賢くなるための脳みそ、ライオンは百獣の王にふさわしい勇気。仲間と難題を解決しながら、ついに彼女たちはオズの元を訪ねるが、実はオズの魔法使いとは、見せかけで、ただのおじいさんが装置の後ろから現れるのだった。彼は言う。

「あなたたちは、すでに手に入れたいと強く願っているものを、この旅の中で手にしているではないか。自分の中にすでにあるのではないか」

実際、悪い魔女と戦い、ドロシーを守ろうとするライオンはすでに勇気を持っている。かかしは自分の頭で考えている。木こりはドキドキと心を通わせている。求めていたものは旅の中ですでに手に入れていた、あるいは外へ求めていたものは、実際には自分の中にあったということを見出すのである。

こうして一つ、何かを求める旅を思い出すと、またもう一つという具合に思い出す。かつてＮＨＫで放映された、ホーミーの謎を探るためにモンゴルへと旅するドキュメンタリー番組である。松任谷由実がどういう経緯であったかは忘れてしまったが、ホーミーの音色に感銘を受けた。ホーミーというのはモンゴルの伝統的な歌唱法で、ウイ～～とダミ声のような音を口から出しながら、その音色によく耳を澄ませると、そのなかに、より高音の笛のような音色が聞こえてくるというものだ。道具など一切使わない。私もはじめてテレビでそれを観た時、ウイ～としばらく真似したものだったし、大学の先輩ともウイ～と互いにホーミーを真似し合ったものだった。何もふざけていたわけではない。しばらく練習すれば一瞬であっても、その笛のような高音の美しい音色を発することができるのではないかと期待していたのである。ホーミーを聴いた松任谷由実も日本で試したに違いない。だが、ホーミーの音色に聴き入り、魅了された松任谷由実はその音色の秘密を知るべくモンゴルへと向かったというのが、単なる金のない学生であった私と、活躍する歌手との違いであろう。取材班とともに松任谷由実はモンゴルの田舎を訪ねる。そして、現地でホーミーを聴く。さすがに本場の音色は違う。すかさず彼女は教えを乞う。その場で練習を繰り返す。だが、ほんの数日の滞在では、ホーミーをものにすることはできない。やがて現地滞在の最終日がやってくる。松任谷由実は現地で出会った人々に感謝を伝え、手を振り村を離れる。日本への機内で俯く彼女が映し出される。むろん、落胆しているのである。何しろ、憧れたホーミーをものにできなかったからだ。だが、話にはまだ続きがあった。現地で収録したホーミーの音源がある。いったい、この人々を魅了する不思議な音色のどこに秘密があるのか。東京に帰った松任谷由実と取材班は、音源を専門家に託す。そして、それは明らかになった。高音の音色に含まれる超音波がその秘密ではないかというのである。耳では聴き取れない、より高音の音の拡がりがあったのである。なるほど、そうだったのか、だから心が動かされるのか。松任谷由実が感銘を受ける。話はそこで終わらない。

「ちなみに私の歌も分析してもらえませんか?」

と彼女は頼む。さすがプロだ。今後の歌唱に少しでも反映できたらという熱心さのたまものである。松任谷由実は歌う。そして、衝撃の事実が判明する。なんと、松任谷由実の歌声からも超音波が発せられていたのである。これには松任谷由実も驚いていた。モンゴルの田舎までホーミーの音色の謎を探るべく旅して帰ってきた。自らもホーミーの歌唱法をものにしようとし、ものにすることは叶わなかった。ところが、はなからそのホーミーの魅力の秘密である超音波を自分自身が発していたのである。では、別にモンゴルになど行かなくてもよかったのか？　だが、これもホーミーに出会わなければ、そしてホーミーの音色の魅力を求めてモンゴルを旅しなければ、知ることのなかったことであるかもしれない。旅をすることが必要だったのだ。何かを求めて旅をする。旅することによって、求めていたものを自分が実は最初から手にしていたことを知る。とにかく、私はこの種の話が好きなのだった。

『西遊記』もそうだった。かつての中国、唐から仏教のありがたい経典をいただくために天竺へと取経の旅に出る玄奘三蔵、いわゆる三蔵法師の旅の話である。孫悟空、猪八戒、沙悟浄を旅のお供にして、天竺を目指す一行に、悪者や妖怪が襲いかかる。そして、何年もの年月の後、ついに天竺にたどり着くのだが、私の記憶によればそこでもまた、こういう結末が待っていた。

「天竺という場所は存在しないし、経典もない。だが、後ろを遙かに見渡しなさい。あなたたちは危険を冒し、なんとかして天竺から唐へありがたい経典を持ち帰りたいと旅してきた。その一心こそがありがたい経典そのものなのです」

黄色い光の声が聞こえてくるのだった。黄色い光の声。ということは、これはお釈迦様の声だったのだろうか。これを私は何で観たのだろう。

ところが、これはオリジナルの『西遊記』とはいささか異なる話のようだ。三蔵法師は十四年余の年月を経て、天竺で経典をいただき、そしてそれを唐の都へと持ち帰った。そもそも、三蔵法師の取経の旅は史実であり、確かに彼は経典を唐にもたらしたのである。三蔵法師が口述し、弟子が記録したという『大唐西域記』にまとめられている。ただ、この書物には訪ねた土地土地の風土や民話が記録されてはいるものの、道中を共にする猿やカッパや豚は出てこないし、妖怪も出てきはしない。後にこの書物が読まれ、翻案されていく中で、そうしたものがふんだんに盛り込まれた『西遊記』が成立したようだ。つまり、『西遊記』自体が、オリジナルの旅行記『大唐西域記』を読んで面白く、読み進められるように脚色して書かれたものだと言うことができる。さらに、『西遊記』を元にその時代時代に翻案された小説や、演劇や映画、アニメもまた、天竺への取経の旅に興味を持たせようかと考えて作られたものである。だが、アニメを作ろうと思えば、気が遠くなるような膨大な数の取経の旅の絵を描かなくてはいけない。危険を冒してでもなんとかしてありがたい経典を天竺から唐へ持ち帰りたいという、私の記憶に残る『西遊記』のラストの、この旅自体が経典なのだ、というメッセージは、お釈迦様ではなく、むしろ制作者の本音であったかもしれない。

ところで、『西遊記』ではありがたいお経と繰り返し言いながらも、ではそれがどのような教えを説く経典であるのかについては、まったくと言っていいほど言及がないのはなぜなのか。当時の唐から天竺への旅は、今では想像もできないほどの断然大変な旅であったに違いない。命を賭けてのものであったはずだ。そうまでして求めた経典とはどれほどのものなのか。読む前からその重要性を信じられるとはどういうことなのか。それに、それほどありがたい経典なら、持ち帰ったお経の教えはこうですよ、と簡単な紹介があってもいいではないか。そうしないのは、ひょっとしたら持ち帰りさえすれば、すでに人々にご利益があるということだろうか。あるいは、旅自体に価値がある、と考えるのは現代的な思考法に毒されすぎであろうか。それでも、現代における翻案者がそれをさらに推し進めて、旅自体が経典であると言ってもそれほど的を外しているわけではないのかもしれない。困難な旅をするのは、旅の目的よりも旅そのものに価値を見出さずにはいられないのだ。

何かを一心に求めてきたが、実は求めていたものはすでに手にしていたという話に私は惹かれる。要約すれば記憶の中の『西遊記』もまた、そういう話になってしまう。一言でいうなら、プロセスの中に結果があるということかもしれない。けれどそう言ってしまった瞬間に本質的なものが失われる。私は安易にそうしてしまっていいものだろうかと躊躇わずにはいられない。いや、そうして躊躇うからこそ、私はこれだけ考え続けることができたのだ。

と、こんなことを考えるに至ったのも、また弘法大師のご利益であったかもしれない、少しくらいは。私は本当の言葉を求めていた。そして、「弘法大師のご利益かとまでは思わなかった」という言葉に引っかかったことによって、ここまでたどり着いた。後輩のエアチェックから『オズの魔法使い』へ、そして松任谷由実のホーミーの謎を求める旅から『西遊記』の天竺への取経の旅へ。そして、ここに至って取経の旅が、ないと思っていた空海との接点を思い出させてくれたのである。

松尾君という後輩がいる。今ではさる国立大学の准教授であるから、松尾先生、あるいはせめて松尾さんと書くべきかもしれない。これもやはり十年近く昔のことであったと思う。彼はちょうど東大で学位を取って、京大だったか阪大だったかでポスドク、あるいは助手をやっていた。だから所属は関西だったが、週の半分は東京で家族と暮らしていた。それで何の機会であったか、彼と飲みに行った。彼がその時、熱心に司馬遼太郎の『空海の風景』を薦めてくれたのだ。司馬遼太郎を読むならば、という問いに対する回答だったのか、それとも、その年滅法面白かった一冊（上下二冊だが）としてだったか。いずれにせよ、人に薦められたら読んでみる。すぐに購入して読み始めたのだった。ところが、当時、私は空海にまったく興味がなかった。だから、最初の何ページかを読んだだけで、その後は読まずに本棚に片付けてしまった。その後、度々引っ越しを繰り返し、マレーシア駐在の際にも、他の蔵書と共にマレーシアを往復して、再び東京の部屋の本棚に収まっていた。松尾君というのは研究対象に愛があり情熱的だけれど、一方で極めて合理的であって、そこには宗教や信仰の入り込む余地などないように思われた。だから、彼が司馬遼太郎でなら『空海の風景』一択ですと言った時に、私は一瞬あれっ?と思ったのだったし、だからこそ今日に至るまで十年以上もそのことを憶えていたのだ。だが、その疑問は読み進めるうちに、腑に落ちた。讃岐出身で、奈良の都で官吏を志して勉学に励むうちに、仏教に帰依していく。そして、さらに私度僧として研鑽を積み、中国への使節団に入り込み、中国でほんのわずかの期間に、真言密教の教えを熟知し、日本に帰ってくる。縁や運が味方したところはあるかもしれない。だが、真言密教をどうにかしてものにしようと、一心に求めた姿が司馬遼太郎によって描かれる。松尾君から何かを聞いたわけではない。けれど、数学の研究に専心していた彼が、自身のことをそうした一心に真言を求めた空海に少しは重ね合わせたところがあったのではないか。

こんな話をくり返しているのは、『パリのガイドブックで東京の町を闊歩する』がこの先どうなるのかと考えてのことである。むろん、これは私が書いているものであるから、どうとでも書こうと思えば書ける。しかし、これまでも無秩序に書いてきたわけではない。そこに、何かしらの本当らしさを感じなければ書き継ぐことはできないのである。そこで、本当の言葉というものを探してきた。そして、探し求めるなかで、求める旅を続けるうちに、求めていたものはすでに手にしていたという話が好きだと思い出した。ならば、この物語もそういう話になるのだろうか？

（二〇二三・八）

第3章

繰り返しの効能

これまでいちばん繰り返し観たテレビ番組はＮＨＫスペシャル『電子立国 日本の自叙伝』だ。まだ中学生であった私が日曜日の夕食のあと、食卓で偶然、『電子立国 日本の自叙伝』の第一回目、愛媛県西条市の海に臨む三菱電機の半導体メモリ工場の全貌を捉えたちょうど一時間のドキュメンタリー番組が始まるのを見掛けなければ、人生は大きく違っていたはずだ。一九九一年のことだ。興奮あまって、会う人会う人に話しまくっていたら、友人のお父さんが半導体製造装置の仕事をしており、録画したビデオをダビングできるようにと貸して

くれた。

ここで私はふと気付いた。愛媛県西条市！　またしても四国ではないか。だが、当時も今も、これが弘法大師のご利益かとは微塵も思わない。そもそも、あの当時、弘法大師の故郷が四国だとも、またお遍路の存在も私は知らなかった。かろうじて弘法大師との接点というなら、書道だろうか。私は小学校一年から後藤一郎先生に書道を習っていた。冬休みに入ると毎年、書き初めのための特訓があり、無事に合格をもらい書き終えた者から、二階に用意された巨大なバタークリームのショートケーキを一切れ、食べることを許された。後藤先生は繰り返した。

「一生懸命練習して墨で汚れた手で食べるケーキがうまいんだ」

いつから、なぜそうなったのかわからないが、私たち生徒が手を洗うことを許さなかった。中には汚れた手で食べるのを頑なに拒み泣き出した子もいた。あのこだわりはいったい何だったのか？　しかし、私はそれが嫌だったという記憶はない。今考えればおかしな話だし、間違えている。しかし、間違えているからダメなのかというとそうも思わない。「弘法も筆の誤り」という言葉があるが、私がこの誤りということに非常に惹かれるのも、誤りに次ぐ誤り、誤りの積み重ねで四十年以上生きてきたという気がするからかもしれない。いや、自虐的になっているのでも、謙遜でもない。誤りこそが、むしろ私の人生を導いてきたとすら思っているのだ。

信心のかけらもなく、お経を唱えたこともない私であるが、しかし、『電子立国 日本の自叙伝』（全六回）のビデオはテープが擦り切れるほど繰り返し観た。当時、本を読んだという記憶があまりない。しかし、ビデオはとにかく観た。かつてお経を読めない民衆が寺の僧の説法を聞き、マニ車を回したという。もし、『電子立国 日本の自叙伝』がお経だとしたら、擦り切れるほど観たのはそれなりの修行に匹敵する。ただ、実際には擦り切れてはいないし、擦り切れたと言っては嘘になる。本当に繰り返し観ると、テープは擦り切れてしまうものらしいから、まだまだ私の場合は修行が足りなかったというべきかもしれない。それでも擦り切れるほどには繰り返し観た。部活動をほとんどやらなかった私は、毎日学校から帰ってくると、夕方一時間か二時間ほど、繰り返し繰り返しビデオを観た。

第二次世界大戦の敗戦後まもなく、食うや食わずの状況のなか、日本人の技術者が、アメリカで発明されたトランジスタを自分たちでも作り出そうと奮闘する。材料も実験装置もないなか限られた情報からどうにかして材料を精製し、トランジスタを作る。そこには、模倣や試行錯誤の数々があった。当時の時代や状況を当事者が語る。しかし、それは試行錯誤の結果、困難を乗り越えうまくいったという単純な話ではない。むろん、創意工夫でアメリカと同じような、あるいはそれを上回る半導体素子を作ったりする。ところが、それも一瞬のことで、時代はまた次のステージへと進んでいく。だから、単に努力や工夫が報われたという成功譚ではない。どちらかと言えば、翻弄される人々が描かれる。インタビューに答える技術者、経営者たちは泣き笑い泣きという具合に証言する。勝った者も、負けた者も、その経験をほとんど笑い話として語る。喜劇的に語るのだ。

おかげで、出てくる証言者たちの言葉を諳んじられるようにさえなった。何があれほど熱心に私をビデオテープに向かわせたのか。そこにあった言葉が本当の言葉だったからだろうか？　ほとんど私はこれを「聖書」のように観ていた。単なる比喩ではない。私にとって、あのドキュメンタリー番組は聖書と同じ働きをした。日常のふとした場面であの時覚えた言葉が突然蘇ってくる。

『電子立国 日本の自叙伝』を擦り切れるほど観た記憶を、二、三日あればまとめられるだろうと今もこうして楽観的に綴り始めたが、そう簡単にはいかなかった。いやあ、困ったな。そんな時、電卓開発競争の折、サウナのような部屋で高温時の動作実験をし、すぐに音を上げてしまった関西弁の開発者の振り返る声が聞こえてくる。

「いや、六十度くらいまでいけるやろう、と思ってやり始めたんですけどね」

——六十度⁇

「うん、六十度。やったんやけど、ぜんぜんあかんそんなもん。体力がね、ぜんぜんあきませんね」

私も自分で声に出して言ってみる。体力がね、ぜんぜんあきませんね。そして苦笑する。擦り切れるほど観たビデオテープであったが、私は大学で上京してからしばらくほとんど観ていなかった。次にまた見返したのは、経済学部から大学院で数学に転向し、博士課程へと進んで二年ほど経った頃だった。研究の成果はなかなか出なかった。学位を取るのもおぼつかない。もしこれで学位が取れたとしても、到底数学者としてはやっていけない。困り果てていたところに、ふと私には『電子立国日本の自叙伝』があったと思い出したのである。むろん、あったにはあっただろうが、だからどうしたと周りは思ったかもしれない。かつて私はあのビデオを繰り返し観て、自分でもトランジスタや計算機を一から作ってみようなどと無謀な情熱を燃やしたことがあった。そんなことを電機メーカーの研究所などを回って力説すると、今思い出しても不思議なことに、コンピュータについての実績など本当に皆無の私を電機メーカーの研究所が採用してくれたのだった。

あのドキュメンタリー番組で非常に印象深かった人物の一人に、当時日立の子会社の社長をされていた大野稔さんがいる。自身も電機メーカーに就職が決まった頃、ドキュメンタリー番組を見返しながら、今はどうされているのだろうかと思った。ドキュメンタリー番組放映から二十年近くが過ぎていた。ご健在だろうか。検索してみると、齢八十にして、なお現役で仕事をされているという記事が見つかった。会社員時代の仲間と論文の翻訳の仕事をしつつ、趣味ではデジタルカメラで庭に咲く花の開花する一瞬を逃さぬようにと、電子工作に取り組んでいるらしかった。さすがあのハツラツとした大野さんだと思い、そんな事実を知れたことのうれしさを自分のブログに書き付けておいた。

しばらく、そんなことを書いたことも忘れて過ごしていると、ある日、ブログの新着コメント欄に新しいコメントがあり、名前の欄に「大野稔」と記入されているのを私は見つけた。私はひどく驚いた。そして、瞬時にこうも思ったのである。

「これは本当に本人の書き込みなのだろうか?」

何しろ、今でも現役で仕事をされているとはいえ、私とは何の接点もない。勝手に書いたブログの記事に本人から書き込みがあるものだろうか。それに、大野さんはあのドキュメンタリー番組を観ていた人たちによく知られた人でもあり、当時、2chの半導体関連のスレッドも匿名で書き込むと投稿主の名前が「＊＊＊番目の大野稔」などと表示されもした。であるならば、私が興奮気味に書き込んだブログの記事に、本人に成りすまして「大野稔です。記事を見つけてくださりありがとうございます。」とコメントをする者がいたとしても不思議はない。それに友人たちにしか読まれていないようなブログを本人がどうやって見つけるというのか。やはり悪戯だろうか。けれど、どうか本人であってほしいという期待はあり、どうにかして確かめられないかと思った。

その時、あることが目に留まった。トップページのサイドに表示された「最近のコメント」のリストに「大野稔」と記されたコメントが一つではなく、二つ並んでいたのである。いや、もしかしたら三つ並んでいたかもしれない。それは非常に不思議な様相を呈していた。それで私はそのコメントをクリックして読んでみた。そこにはご丁寧に「○月○日の記事にコメントしましたので、ご覧ください」というコメントがあった。このおかげで私は本人に違いないと確信したのである。どういうことか。つまり、ネットやブログを使い慣れた者ならば、コメントすれば、トップページの「最近のコメント」欄にも表示されることを理解しているにちがいなく、最新の記事に、いついつの記事にコメントしましたからと書き込むということはありえない。これは書き込みをした者がブログに不慣れである証である。悪戯をする者は、慎重にやる。当然、システムの利用方法を遵守するはずであり、使い方の「間違い」をおかさないと考えたのである。つまり、当時の私はブログの使い方が正しくないことを根拠に、大野さんの真正性を確認したのだった。実際、そこに記入されていたメールアドレスにメールを送ると、ご本人からすぐにメールが届いた。「大野稔です。」という言葉は本当の言葉であった。

テレビというのは、こちらが一方的に観ているものであり、そこに対話が成立すると考えたことはこれまでなかった。こちらから直接連絡を取る手段などなかった。それが向こうから届いた。それは、ほとんどテレビの画面の中から人が出てくる、貞子的と言うべき現象であり、そこにはうれしさと同時に若干の怖さが入り混じっていた。

翌年、研究所で勤めはじめた私は、大野さんに遊びにいらっしゃいと誘ってもらい、友人とご自宅を訪ねた。当時はまだスマートフォンもGoogle Mapsもなく、教えてもらった住所と行き方（駅を出て、どの道を進み、どこで曲がるのか?）を頼りに歩いて行った。二本あるうちのどちらの道かわからず、とりあえずその一方で曲がって歩いて行った。ガイドブックも地図もなく、近くの案内板で確認した。このあたりかなという場所で一軒一軒表札を見ながら歩くが、それらしき家はない。通り過ぎたのかもしれない。そこで、メールの文面を思い出した。大きな鉄塔の真下ですからとあった。振り返ると、向こうに東京電力の鉄塔が立ち、歩いてきた通りを送電線が横切っていた。いくらか歩いて戻ると、そこに「大野」と表札のある一軒の住宅があった。ご自宅の庭でバーベキューをしながら話をした。大野さんは好奇心旺盛で、参加者の一人一人に取り組んでいる仕事について質問を繰り返した。しばしば頭上に聳える東京電力の巨大鉄塔を指差して、

「こんな高圧送電線の鉄塔の下で暮らしてたら病気になるんじゃないかっていう人がいたんだけど、僕はそんなことまったく気にしなかったから、このあたりの相場より安くこの家も買えて、八十になってもまだこの通りピンピンしてるんですよ」

私たちも見上げた。家のすぐ隣に立つ鉄塔は、頭上高くまで聳えていた。夕方、寒くなってくると、部屋に上がってもう少し話しましょうと大野さんが言ったのだったか、縁側から部屋に上がらせてもらって、暗くなるまで話の続きをした。私も、また友人もあの『電子立

国日本の自叙伝』を繰り返し観ていた口で、大野さんのインタビューの場面をよく覚えており、よく本人を前にしてやってみたなと今は反省するが、口真似をしながら再現してみると、本人は非常に恥ずかしがって、やめてやめてと言って遮った。一緒にあのビデオを見てみましょうと言っても、やはり嫌がっていて、どうもご本人はNHKからもらったDVDか何かをお持ちのようであったが、開封せずに、ご覧にはなっていないようだった。そんな感じで、最初はドキュメンタリー番組での証言をなぞるようにして私たちが話を聞いたのだと思う。初期の半導体材料であるゲルマニウムの話をしていたら、うちにもまだあるんじゃないのかなと、どこからか綺麗な和紙の貼られた菓子箱を出してきて、蓋を開けると銀色に光るパウンドケーキ一本分ほどのゲルマニウムの塊が現れた。出張報告なんかも、会社でもういらないとなった時に、大事に取っておかれたそうですね、と番組の証言をなぞるように尋ねると、それもあるはずだよと言ってファイルを取り出してこられた。そこには、マル秘の判子のついた出張報告書などもあって、私たちは笑った。

やがて話題は現在の英文の論文の翻訳や抄録の仕事のことになった。これが元々の専門分野である半導体だけではなく、バイオであったり、化学であったりと様々な分野にわたる仕事が来るらしく、大野さんは今でも必要に迫られてよく調べ、勉強しているのだと言った。そこから今度は英語の話になった。三十代半ばから熱心に英語を勉強するようになったそうであった。

「会社で研究に専念できる期間は限られる。あなたたちもこれから十年間はやりたい研究に専念できるから、がんばりなさいね。そこから先はマネージメントとかの仕事の方が大変になるからね」

当時、大野さんは思ったのだという。徐々に先端の研究にはついていけなくなるだろう。ではどうすべきか。そこで、生涯研鑽を続けられるポータブルな能力として英語があると気付いたのだそうだ。言語は努力の積み重ねで、上達していくものだ。毎日、会社への路を英会話を吹き込んだテープをウォークマンとイヤホンで聴きながら通勤したらしい。イヤホンをいつでも耳に付けて歩いていた。そんな人は当時まだ珍しかったらしい。

「近所の家の人たちからね『大野さんのところのご主人は耳がご不自由なんですか?』って訊かれましたよ」

と大野さんの奥さんが横から口を挟んだ。

「そうそう。そうだったね。まあ、そんな具合で英語を熱心にやってたから、工場に外国から研究者や技術者が訪ねてくると、僕のところに話が回ってきてね。大野にやらせておこうということだったんだろうね」

大野さんは、『電子立国』のなかでは、MOS型トランジスタを先駆けて開発した技術者として印象深く登場するのだが、実は結晶面特許という有名な特許を考案した人物なのだと同じく半導体の研究をしていた友人が教えてくれた。大野さんはその特許裁判で世界各国に長年通うことになったらしい。確か、特許出願から十五年とおっしゃったか、二十年とおっしゃったか。定かではないが、アメリカ、イギリス、ドイツ、そして、最後がフランス・パりでの裁判だったと聞いた記憶がある。パリ！とそのことを私は今思い出して、少し興奮する。大野さんもエッフェル塔に登っただろうか？　半導体材料のシリコンの結晶のどの面を切り出して半導体素子を製造するかによって、素子の特性が大きく変わることを利用する結晶面特許を思いついたのは、元はと言えば、大野さんが名古屋大学の大学院で磁性材料の研究をしていたことが大きく関わっているらしかった。終戦まもなく大学に入った大野さんが卒業後も大学に残り研究を始めた昭和二十年代半ばにはまだ国内に半導体の研究のできる研究室はほとんどなく、磁性材料を研究することになった。だが、磁性体という異なる分野の研究をしていたことが、のちに結晶面特許を思いつくヒントになっていたのだという。また、はじめてMOS型トランジスタを国内で試作できたのも、磁性材料のある知見からの類推で実験したことによるという。元々、大野さんは磁性材料に磁界を掛けたまま熱を加えて冷却すると、その材料の磁気特性が変化することを知っていた。では半導体材料でも類似のことが起きるのではないか。だとしたら……。そこで、電流を流した状態で、熱して冷却してみることにした。アナロジーである。越境してきたからこそ思いついたとおっしゃったかどうか思い出せないが、しかし、そういうところがあっただろうとは推測できる。発明当時、大野さんは工場に勤めておられた。
「でもね、どうしてこういう特許が、工場ではなく研究所で生まれなかったのだろうかと思いました」

順序だてて話すなら、話は古いところから新しいところへと時系列で進むべきなのかもしれない。しかし、あっちこっちに脱線しながら、テープを巻き戻すように話は徐々に古い記憶、戦争体験へと遡っていった。愛知県で生まれ育った大野さんは、戦時中に中学を卒業して、旧制高校（八高）に入学し、終戦まもない昭和二十三年に名古屋大学の工学部電気学科に進学した。年齢的にはぎりぎり学徒出陣をまぬがれたが、学生として軍需工場に動員されたようだ。話がそこへ及ぶと、しっかりした古い紙箱を出してこられた。そして、蓋を開けた瞬間、私たちははっと息をのんだ。そこには、古いものだとわかる布で出来た、隅が茶色ばんだ白い鉢巻があり、今でも鮮やかな赤い日の丸と、「神風」であったか、黒い文字があったからだ。身内に出征した者も、また学徒動員された者もおらず、私ははじめてそうした戦時中の品物をこの目で見た。戦時中を直接他でもない自分に向かって話してくれる人もはじめてだった。正直に言って、ちょっと怖かった。しかし、大野さんはそれほど深刻に話すというのではなく、戦時中の品物を前に、晴れた日にまるで気持ちよくドライブするような朗らかさだったのが、変に印象に残っている。当時、トラックに乗って、物資を運搬する作業に従事したのだというようなことを、むしろここでもあっけらかんと話されていて、笑いを誘った。あれも運んだ、こんなものも運んだとか、作業を指示する上官のことも、口調を真似たりして話してくれた。六十年以上前のことをついこの間のことのように面白おかしく話した。戦時の悲惨さと、そんな場所でも朗らかに過ごす大野さん。むしろそのギャップに驚いていたのだったが、奥さんが、

「トラックでの運搬中に、近くに爆弾が落ちたことがあったんですよね」

と横から口を挟んだ瞬間、大野さんが突然、うろたえはじめ、頭を抱えたことを鮮明に憶えている。

「あー、あー、やめてくれやめてくれ。その話はしないでくれ！」

と大きな声を出した。悲惨な出来事がフラッシュバックしたのだろう。皆、驚いて、そして静かになった。そこで何を口にすることができただろう。私たちに言葉を継ぐことなどできない。ただ、黙って、大野さんの次の言葉を待っていたのではなかったか。しばらくの沈黙ののち、大野さんはまた普段の大野さんに戻り、やがてまた朗々と話をしはじめたのだった。

それからもしばしばお宅を訪ねてお話を聞いていたし、メールでのやりとりも続いていた。私たちが撮影した訪問時の写真をPhotoshopで加工して、配ってくださったりもした。ある時、『電子立国 日本の自叙伝』のビデオテープを貸してくれないかと連絡があり、お渡しすると、しばらくしてＤＶＤに焼いたものが送られてきたのには驚いた。テレビで繰り返し観ていた人とお会いする機会があるというだけでも驚きであるのに、そのビデオをＤＶＤに焼いて送ってきてくれるとは、いったいどういう類の奇跡なのか。ＤＶＤにはメッセージが添えられていた。

「ビデオテープはもうしばらく貸してください。画像処理ソフトでもう少し画質を改善できるみたいなので、この機会にそれを試みてみようと思います」

どこまでも貪欲に勉強熱心な大野さんであった。

ところが、ある日を境に、音信が途絶えた。日頃から無自覚に失礼を働くことがあるゆえに、何か大野さんの気に触ることを言ったのだろうか。あるいはご病気ということも……。こういう時、知らん顔をして電話の一本でもできたらといつも思うのだが、つい躊躇いの方が先に出てくる。もしや、という一抹の不安もないわけではなかった。何しろ、大野さんはもう八十代半ばである。そうして気をもみながら、しかし日々を忙しなく過ごしていた。職場の発表会の準備に明け暮れていた年度末、夜遅くに会社から帰り郵便受けを開くと、一枚のハガキが届いていた。表書きはもしかしたら代筆であったかもしれない。裏にはボールペンで、殴り書きしてあり、それが大野さんからのハガキであることはすぐにわかったものの、今までの朗らかな大野さんからは想像もつかぬ筆致であり、何が起きているのかすぐには飲み込むことができなかった。そして、その乱筆を時間をかけて読み解くうちに、ようやく事態が飲み込めた。音信のなかった間に心臓の病に倒れ、手術によってどうにか快復を遂げていたのだ。それでまた連絡を取るうちに、また一度家に遊びにいらっしゃいとお誘いを受けて、私は友人と大野さんのご自宅を訪ねることになった。その際に大野さんは途中までなんと迎えに出てくださった。消防車と見紛うほどの真っ赤な電動車椅子を乗りこなしていた。

夕方には近くの公園までそれで散歩に行ったはずだ。

「とんさんね、今度の手術でね、僕は牛の心臓を入れたの」

「牛の心臓⁉」

「そう、牛の心臓。心臓の弁がうまく働かなくなってね。それで、牛の心臓。ほらこれを」

と言って、大野さんは折り畳まれた紙を広げた。そこには使った牛の個体番号が印字されていた。焼肉屋なんかに行くと、「今日提供している牛肉はこちらです」と個体番号が店頭に表示されていたが、あれと同じようなものが、書類に書かれていた。大野さんの中に、牛の心臓が入っている。牛の心臓の一部が移植できるものなのだというのが、初耳で、なんとも言えぬ不思議な気持ちになった。

「医者がね、大野さん、これであと二十年は心臓は大丈夫ですよって言うんだよね。……二十年経つと僕はいくつだろう。百歳だね」

と笑いながら言った。すると今度は奥さんが神妙な表情で、こんな話をした。

「最初に搬送された病院では応急処置をした後、意識不明のままベッドで何日も寝かされてたんです。それがある時、廊下に出て見てしまったんです。看護婦さんが、葬儀屋の人と話しているのを。あっ、私はこのままではダメだ、この人が死んでしまうと思って。急いで知り合いに紹介してもらって心臓の名医のいる病院に転院させたんです。それで手術をしてもらって回復したんです。もしあのままあそこに入院していたら、死んでましたよ」

心臓の大手術をし、生死を彷徨った人とは思えぬ、健在ぶりであった。それからも大野さんとの交流は続き、ブログへの書き込みやメールのやりとりをし、年に一、二度ご自宅を訪ねた。その度に、出前を取ってくださって、寿司を摘みながら何時間もお話しするというのが、流れだった。三十歳になった節目で、十年掛けて小説家になります、と私が宣言した時も、周りの呆れ顔や、大丈夫か?という心配のなかで、大野さんは、

「前途洋々、おめでとう」

という言葉とともに、手放しに励ましてくださったと記憶している。

「子会社の社長だった時は、まあ社長と言ってもやることがないからね、とにかく社員の名前と写真を総務からもらって、全員の顔と名前を覚えたんだよね。日立で小説家になったと

いう人は聞いたことがないけど、そう言えば、一人だけ日立の子会社にいた時の部下に、不思議な小説を書いて賞を取って会社を辞めた人がいましたね。何という人だったか。贋札を作る話だったと思うけれど……」

しばらくして、一つ小説を書き上げたことを報告すると、「僕もとんさんの小説が読みたいな」と、言われた。お送りしたら、面白かったですよと言ってくださりながらも、しかし、構成が弱いですね、とか、もうちょっと毒味がないと、とか、あるいは定量的に「この一ページの中に「僕」が十五回もあります。これは多すぎます」などと的確な講評が返ってきたのには驚いた。

その時いただいたアドバイスをよく覚えている。一つは、

「八百字くらいの短いもので、起承転結のはっきりしたものをもっと練習した方がいい」

というもの、それから、

「植物に関心を向けた方がいい。普段から、植物図鑑を買って眺めなさい」

というものだった。半導体研究の大先輩と思っていた相手から、文学の手解きを受けることになるとは思いもしなかった。しかし、思い返してみると、大野さんはよくドナルド・キーンさん、ドナルド・キーンさんと言って、またメールの末尾には時宜を得た短歌が添えられていたのだった。

東日本大震災後は仕事も忙しく、小説を書かない日が続いた。二〇一三年にイタリアを旅行して、それで突然思い立ち、ブログにエッセイを書くようになった。これがだいたい原稿用紙二、三枚、八百〜千字くらいで、かならず読んで面白いエピソードや思考を書くことを自分に課した。そのきっかけには、宮沢章夫さんのエッセイとの再会があり、同調を求める社会への不安があり、笑わせたいという衝動があったが、確実に大野さんの八百字くらいで起承転結のはっきりしたものを書きなさいというアドバイスがあった。そうして毎週一本ずつ、WEBに公開するということを一年近くつづけていたところに、ガルシア＝マルケスが亡くなり、突然『百年の孤独』を代わりに読む』のアイデアが降って湧いてきた。八百字の練習の繰り返しが作用していたに違いない。毎週必ず書く。自然とその頭と体ができていたところに、うまく歯車が嚙み合うようにして、このアイデアが出てきたのだった。

大野さんとは年に一度か二度のやりとりは続いていたが、ブログやFacebookへの書き込みはもうしなくなっていた。家に遊びにいくと、

「もうパソコンは壊れちゃった。全部、データもなくなっちゃった」

と話されていたから、そのあたりで仕事も辞めてしまわれていたかもしれない。しかし、なんだったか、書名は忘れてしまったが、日本の近現代史についての本を、今は黙々と読んでいるというようなことを話されていた。

「今、私はガルシア＝マルケスの『百年の孤独』を「代わりに読む」というものを書いています」

と話すと、最近の小説家はぜんぜんわからないんだけどね、面白そうだねと大野さんは言

った。だが、一年ほどのつもりではじめた『百年の孤独』を代わりに読む』は結局、完成するまでに四年近く掛かった。これが大きな転機になるとは思いもよらなかったが、面白さには自信があった。けれど、周囲の友人に話すと、何人かを除いて、

「大丈夫か？」

と言われるのが常だった。今思えば、何かを始めた時に、周囲が最初から手放しでそれはいいですね、と言うようだと、むしろ心配しなければいけない。それって意味があるのか？なんの役に立つのか？　大丈夫なのか？　というくらいでなければ、すでにありきたりのことなのだ。今となっては、そう自信を持って言えるが、当時は心細くなる時もあり、何かに縋りつきたくなることもあった。自分では斬新さを確信しながらも、反響はほとんどなく、その度に、私は『電子立国日本の自叙伝』のMOS型トランジスタに取り組んでいた頃を話す大野さんの証言を思い出していた。

――社内では？

大野　もう、さんざん。「ＭＯＳなんか君、そんなもの駄目だよ」という意見が圧倒的でした。

――それでなくても、評判が悪いから。

大野　そう。もうお亡くなりになりました当時の伴野工場長も、この方は非常に優れた技術的感覚をもった方でしたけれども、この方も「ＭＯＳはちょっとね」という感じでしたね。「大野君は勝手なことばかり言うけれども、冷静に言って、ＭＯＳなんかやっぱり駄目だろう」というような印象を強くもっておられたんですね。

――孤立無援。

大野　そう、味方なし。ところが、二、三日後に新聞社が取材に来て私の研究が新聞に載りまして、それが英訳されてアメリカとかヨーロッパにも伝わっていたんですね。そんなとき、確か昭和四〇年の秋頃でしたが、伴野工場長がＲＣＡに出張されまして、あちらの事業部長から「あなたの会社でも、ＭＯＳでずいぶん成果を上げているじゃないですか」と言われて飛び上がった。

――神様からの御託宣ですね。

大野　そう。当時のＲＣＡはまだ、飛ぶ鳥を落とす勢いといいますか、エレクトロニクスの世界でリーダーでしたから、ＲＣＡの一言は神のお告げでした。伴野工場長は、びっくり仰天。帰国されるや「大野、おまえすぐにアメリカに飛んで、ＭＯＳの開発状況を調べて来い」ですよ。昭和四〇年の一一月でした。

（中略）

三週間の出張を終えて帰国すると、羽田に迎えの人が待っていた。

大野　それがなんと、あろうことかＭＯＳの最大の反対者だった私の上司の課長さんでした。課長自ら羽田まで来てくれまして、私を出迎えてくれたんです。

——風向きが変わった?

大野 そう。車に乗るなり「大野君、大変なことになったぞ。今度わが社でもMOSを本格的にやることになったぞ」。

『NHK 電子立国 日本の自叙伝〈下〉』p.226~227

このMOS開発と、その頃の孤立無援について語ったこの部分は、実は当初話すつもりはなかったのだと大野さんからのメールで知った。

実をいうとあの部分はディレクタの相田さんにうまくやられたという気がしているのです。MOSトランジスタの原理はずいぶん前に特許化され、よく知られていたのですが現実に動作する物は私が始めて作り、昭和37~38年頃電気通信学会で発表したのですが何の反響もなく、日立からは役に立たないことばかりする協調性のない男というレッテルを貼られ、散々な目に遭っていた時代がありました。電子立国が計画され、昭和66〜67年に6回（?）に分けて放映されたのですが、最期の部分の取材のため、相田さんが私に質問する形で2時間ほど取材され、それが終わった頃、（終わったと思ったのは私の誤解でした?）相田さんはさりげなく、

「ところでMOSトランジスタを発表して、日立や世間はどう評価しました」と聞いてきました。もう取材も終わったと思った私も気楽に、

「いやとんでもない酷い目に遭わされましたよ、学会からは完全に無視され、日立社内の査定は最低で、後輩より給料もさげられ、別の研究所を紹介してやるから日立を辞めてそちらに移れとまでいわれましたよ」

とばかり鬱憤をぶちまけるような答えをして、その部分がばっちり放映されてしまったのです。相田さんも予定していなかったようですがこの部分が一番印象的だ

ったのでしょう。

大野さんからのメール（原文ママ）

　すでにＭＯＳ型トランジスタ自体はアメリカでは試作や開発が進んでいたため、ご本人としては、ＭＯＳ型トランジスタ開発に至る話はおまけのつもりだった。ＭＯＳ型トランジスタを実現する過程で取得した特許約１００件のうちの一つが、例の世にも稀な基本特許である、通称結晶面特許であり、それこそが大野さんにとっての一番大きな成果であるらしかったが、番組ではそちらはあまり大きくは取り上げられなかったのだという。しかし、この番組を観た人たちは、この大野さんの証言に心を打たれた。そして、苦境に陥った時、私は何度もこの証言を思い出した。

それから私は数年、海外赴任でマレーシアの田舎に駐在することになり、大野さんの家から足が遠のいた。ならば日本に帰国したらすぐに訪ねたらよさそうなものだが、忙しさにかまけて後回しになっていた。いや、何か成果らしい成果を持って行きたいという気持ちがあった。二〇一八年の春にようやく四年がかりで『百年の孤独』を代わりに読む』を最後まで書き終えて、一冊の本に仕上げた時、ようやく大野さんにご報告ができると思った。小説家を志し、三十歳から十年計画で進めてきた取り組みの最終到達地点だという気持ちがあり、手紙を添えて、ご自宅にお送りした。

『百年の孤独』は、族長であるホセ・アルカディオ・ブエンディアの開拓から一時は隆盛を極めたその町・マコンドが徐々に衰退し、百年後には住む者も去り、崩壊する。私はそれを読みながら、日本の半導体産業の勃興から成長と、その後の凋落とを重ね合わせずにはいられなかった。

私は町の産業の勃興と繁栄を思い浮かべた。と言っても、マコンドを沸かせたバナナ産業ではなく、日本各地の町々をそうさせた半導体産業だった。ちょうど日本の敗戦直後、真空管に代わるものとして、半導体が海の向こうで発明された。伝わってくる少ない情報を手に入れ、日本の研究者たちはどうにかして日本でも半導体を作ろう、先端技術に追いつこうと日夜研鑽を積んでいた。

その涙ぐましい努力の結晶は、マコンドにジプシーたちが運んでくる発明品のようだった。ゲルマニウムを精製するために、ゆっくりとヒーターを動かす必要があり、小さな穴を開けたバケツに水を張り、重りをそこに浮かせてみたり、ゲルマニウムの結晶棒を引き上げ、融点前後の0.1度を調整するために、大雑把な温度計の針に鏡をつけて、温度計を壁に拡大してみたりした。あるいは写真の現像技術を使った精密なエッチングの代わりに、顕微鏡で覗きながら日本画の絵筆でタールを塗った。そして、そのような手作りの装置でアメリカの先端技術を再現できた時、彼らは歓声をあげたにちがいなかった。

『百年の孤独』を代わりに読む』p.187～188

そして、「インタビュー受ける大野稔氏」「日本画の絵筆で写真エッチング技術に対抗する大野氏」と映像からキャプチャした大野さんの証言する姿も載せた。そこに私は付箋を貼っておいた。大野さんのことばかりではない。さらに幾人かの印象的な証言を書き写してあった。石炭火力発電所の排気ガスからゲルマニウムの精製に成功した稲垣勝氏とその妻の証言もその一つだ。

そこに朝鮮戦争が勃発する。それまで半導体材料の主流だったゲルマニウムは戦略物資としてアメリカが買い占めると、日本では入手が困難になった。日本にはゲルマニウムが存在しなかったのだ。ある時、研究者が石炭火力発電所の排気ガスの排液からゲルマニウムを精製する方法を発見する。白い粉末を自宅に持ち帰った彼は、気になって眠れない。というのも翌日、精製したその白色の粉末を、高温で燃やしてみないとそれがゲルマニウムであるかわからないのだ。そこで、妻が言う。

「匙に乗せて、台所のガスレンジで燃してみたらいいんじゃないですか？　あれだって結構な高温になりますわよ」

彼は妻の助言どおり粉末を熱した。スプーンは真っ赤になったが、粉末はまったく変化しなかった。それはたしかにゲルマニウムだったのだ。

「まあ、そしたら、できたー、できたーって言うもんですから、わたしが「何ができた？」って聞いたら、「ゲルマニウムができた。なかったんだ。日本にはなかったんだ。日本には、ゲルマニウムがなかったんだ」って。もう興奮して、まあ朝まで大騒ぎで寝ませんでしたわね」

やがてゲルマニウムはシリコンに取って代わられ、またあっという間に、半導体は研究室の時代から、工場での時代に移っていく。しかし、大量生産時代に入っても、人々は目に見えない原因による不良品に悩まされることになったのだった。

『『百年の孤独』を代わりに読む』p.190（傍点は引用者）

大野さんに本をお送りしたが、音沙汰はなかった。夏休みに入ったら連絡をしてみようと思っていた。夏休みに入り、当時はまだ交際相手だった妻と日比谷に映画を観に行った。確か、『ミッション：インポッシブル』の続編だった。映画を見る前に、近くでお昼を食べていると、突然、電話が鳴り出した。画面を見ると、大野さんの名前が表示されていた。私はスマホを手に急いでロビーに出て行って電話を取った。

「もしもし、大野です」

大野さんの奥さんからだった。ということは……と私の頭は高速に回転していた。

「もしもし、友田です。こんにちは、お元気ですか?」

するると、大野さんの奥さんが続けて話された。

「先日は友田さんのご本をありがとうございました。主人のことも書いてくださってましたね。あの、主人は今、ホームに入ってましてね。埼玉県の＊＊にある＊＊というホームなんですがね」

「そうだったんですね。それでお元気にされているんですか?」

「ええ、元気にしてますよ。私も時々会いに行くんですけれど、家に帰りたい、帰りたいって言ってます。家をバリアフリーって言うんですか、段差のないように直したりしていましてね」

わずか五分ほどだったと思うが、大野さんと奥さんの近況を聞き、またいつかお二人にお会いできたらうれしいと伝えた。

「ええ、友田さんにも会ったら喜ぶと思いますわ」

しばらくして、今度は休日に一人部屋で過ごしていたら、またしても電話が掛かってきた。二〇一八年の十一月であったか。画面を見ると、大野さんのご自宅からであった。この時もひょっとして?という不安がよぎった。

「あの、大野ですけれども。主人がホームに入っていたんですがね、肺炎を拗らせてしまいまして、ホームでは預かれないということで、近くの＊＊病院に入院してるんです」

「それでご容体は?」

「ええ、治療してもらってだいぶ安定しているんです。それで、ホームだとあれですけれど、＊＊病院なら面会もできますし、今日これからお見舞いに行きますので、もし友田さんが予定が空いてらしたら、お見舞いにいらっしゃらないかと思いまして。主人もとても喜ぶと思うんです」

ホームに入所している人が、ホームでは看られぬほどの症状で入院しているところへ、面会に行くというのが、何かおかしな気もした。家族でもない私が会わせてもらえるものなのだろうか。ところが、

「僕がお見舞いに伺っても大丈夫なんですか？」

と聞くと、

「ええ、大丈夫です」ときっぱりとおっしゃった。「私も今日これから向かいますので」

「そうですか」

ちょうどその日は何も予定がなかった。偶然とはそういうものなのだろう。

「じゃあ、これから伺います。＊＊病院ですね。午後の二時くらいには着くと思います」

そう言って電話を切った。いや、奥さんの携帯電話の番号も聞いたのだっただろうか。電車を乗り継ぎ、乗り換えの駅の百貨店でお見舞いを買った。とは言え、本人は食べられない。それに、奥さんもご高齢で一人暮らしである。それで日持ちのする果物のゼリーにした記憶

見舞いに向かう駅のホーム

がある。

日曜日の病院に着くと、エントランスは電気が半分消えていて薄暗い。入院している知人のお見舞いに来たのだというと、そのまま二階のナースステーションに行ってくださいと告げられた。よく考えたら親族以外の病院に見舞いに行った記憶がほとんどない。恐る恐るエレベータで上がり、ナースステーションで、知人の大野さんのお見舞いに、奥さんからご連絡をいただいて参りましたと伝えた。ではこちらにと「面会申請書」を記入していると、看護婦さんが、

「あっ、大野さん」

と呼ぶ声がして、振り返るとそこに大野さんの奥さんが立っていた。看護婦さんからバッジを受け取り、ご無沙汰しておりますと奥さんにご挨拶をする。そして、ナースステーションのすぐそばの病室へと入る奥さんに付いていくと、部屋に入ってすぐの白いカーテンで囲

まれたベッドに、大野さんが眠っていた。面会できると聞いていたが、思った以上に重篤な状況だなと思った記憶がある。体には管がたくさん繋がれていて、ピッ、ピッと心拍の音が鳴り、モニターに波形が表示されていた。奥さんが、

「友田さんが来てくれましたよ！」

と大きな声で言うのだが、大野さんは苦しそうに呼吸していて、なかなか声が出ない。私はそこで何と大野さんに声を掛けたのか。時折、モニターからピーピーピーと警報音のようなものが鳴り響き、こちらがうろたえていると、奥さんが、

「これは大丈夫なんです」

とおっしゃる。しばし、奥さんと話をしていて、大野さんの枕元に電子辞書があるのが目に止まった。奥さんもそのことにすぐ気付かれたのか、

「どうしてもフランス語の勉強をするって言うんですよ。ホームだとなかなか本だとか私物を持ち込ませてもらえないでしょう?」と言った。「それでここなら大丈夫だからフランス

語の辞書を持ってきてくれって。ところが、息子たちに言ったら、どうせこんな状況じゃ読めないし、もうそんなにこの先長くないんだからって、こんな小さな辞書しか持たせてくれなくて」

奥さんはテーブルの脇に置かれたポケット版の仏和辞典を指差した。家族への愚痴はとどまるところを知らず、次々と出てきたのだが、それまで静かに横になっていた大野さんがあんまり悪口を言ってはいけない、と苦しそうに遮った。

「でも、この人がもっとちゃんとした辞書がいいって言うもんですから、これを買って持ってきたんです」

と仏和辞典の入った電子辞書を開いた。いやそれにしても、肺炎で苦しんで起き上がれず、声も出ない状況でも、フランス語の勉強をする大野さんの生涯勉強し続ける熱意には感銘というのか、ちょっと呆れるほどだった。どうして今フランス語なのか。あの時、それを大野さんから聞いたわけではない。

「どうしてもフランス語なんだって言って聞かないんです、どうしてかはわからないんです
けれど」

と奥さんも言った。ひょっとしたら、最後の特許裁判の地がフランス・パリであった。だから、フランス語なのではないか。しかし、その時にはそこまで記憶が繋がらなかった。その代わりに私は、

「今、次の作品で『パリのガイドブックで東京の町を闊歩する』という本を書こうとして、準備しているところなんです」

と言った。重篤な病人の前で私はいったい何を言っていたのだろう。今思い出しているだけで呆れてしまうが、

「『百年の孤独』を代わりに読む』というのが書けたのも、その前に毎週決まってブログに八百文字くらいの簡潔なものを書く練習をしていたからですし、それは大野さんから八百文字くらいの文章でもっと練習しなさいと昔、アドバイスいただいたからなんです。本当にあ

りがとうございました」

と伝えた。大野さんは苦しがりながらも、

「ありがとう。ありがとう。憶えていてくれて。そうやって続けたのが立派なんだ」

というようなことをおっしゃったのではなかったか。いや、ほとんど声らしい声など聞き取れず、勝手に私が聞きたい言葉を捏造しただけなのかもしれない。それに、大野さんの教えというなら、私は植物に関心を向けなさいと言われていた。ところが、普段から眺めなさいと助言された植物図鑑を買ってすらいない。私が人の言うことを都合よく受け取り、恣意的に振り返っている証拠だろう。

あまり病室に長くいるのも負担であるし、そろそろ辞去しますと奥さんに伝えようとした帰り際のことだった。奥さんが、大野さんの持ち物であったと思しきネクタイピンを、これを友田さんにと言ってくださった。私が受け取る資格があるかどうか、よくわからず、一度はお断りしたのだったが、いえいえ、友田さんに持っていていただきたいですとおっしゃるので受け取ることにした。

「それからね、この本に主人のことを書いてくださってありがとうございました」

と言って、カバンから私がお送りした『百年の孤独』を代わりに読む』を取り出した。付箋を貼っておいたところを奥さんが開くと、そこには若かりし頃――と言っても六十五歳くらいだが――の大野さんの写真があった。ちゃんと読んでくださっていたのだ。

「いえいえ、勝手に大野さんのことを書いてしまいまして、失礼いたしました。喜んでいただけたならよかったです」

そう言って、ではそろそろ、と立ち上がった私を大野さんの奥さんが引き留めた。

「あの、それからね」

カバンをガサゴソと探り、そして、カバンの中から突然、アルミ製の古いお玉を取り出したのだった。

「これは?」

「お玉です！」それはわかる。しかし、今なぜここでお玉なのか。「このお玉がね、随分前から家の台所の引き出しに仕舞ってありましてね、いったいこれは何だろうなあ、何だろうなと思っていたんです。そうしたら、友田さんが書いてくださった本で、夜中に台所のガスレンジで燃やして実験したという話が出てきて、ああ、このお玉があの時のお玉だったんだ、って思い出しまして。だから大事に取ってあったんだって。友田さんが書いてくださったおかげですね。本当にどうもありがとうございました」

　私はこれを唖然として聞いていた。それは勘違いですよと伝えるのは違うということだけはわかった。あの時、大野さんはどうしていたのだろうか。もう眠っていたか。あれから何年も経ち、繰り返し思い出すうちに、私はこう思うようになった。本当か本当でないかよりも大切なことがあるのではないか。あの勘違いしたお玉を通して、大野さんと奥さんとの長年の暮らしの苦労や喜びが表出していたのではないか？　それは事実であるかどうかよりも、もっと重たいものではないだろうか。あの日がお二人に会う最後の機会となった。

（二〇二三・四）

第4章
先人は遅れてくる

ある日の夕方、自宅で仕事をしていると、テーブルの上のiPhoneが鳴り出した。近頃では電話が掛かってくることは珍しい。画面に表示されているのは「090」から始まる電話番号だったが、心当たりのない番号であった。いったいこれは？　しばしば、知らない番号からも仕事の電話が掛かってくる。ただ、仕事の電話なら、公表しているＩＰフォンに掛かってきそうなものだ。ということは……。若干怪しみながらも電話に出た。だが、遅かったのか、ちょうど電話は切れていた。いつもなら、知らない番号にこちらから掛け直すというこ

とはほとんどない。どうせ営業の電話だろうと高を括ってそのままにしたかもしれない。ただ、この時はちょっと気になって、折り返し電話を掛けた。呼び出し音が数回鳴り、電話が繋がると、

「どうもヨシダです」

と抜けのいい明るい声が聞こえてきた。聞き覚えがある声だ。最近、この声をどこかで聞いたような気もする。が、瞬時にはその声の主に心当たらない。ヨシダ、ヨシダ、……、えっと?と声に出したかもしれない。

「ヨシダです。あの、ハリノヨシダ!」

そう相手が言うが、思い当たらずにそのまま、

「えっと、ハリノヨシダ?」

と復唱したところで、突然思い当たった。

「あ、吉田先生ですか?　どうもこんにちは」

しばしば鍼を打ってもらいに行く尾山台の吉田先生であった。数日前にも鍼を打ってもらったばかりだった。それは声に聞き覚えがあるはずである。ただ、普段こちらから予約の電話をすることがあっても、向こうから電話が掛かってくることはない。鍼を打ってもらいつづけて早二十五年、これまで一度たりとも吉田先生から電話が掛かってくる、などということはなかったのである。それに、普段私が掛けるのは、「03」から始まる固定電話と決まっている。そもそも、吉田先生が携帯電話を持っているところなど、こちらは見たこともなかった。声はまさしく本人だから、オレオレ詐欺のような偽物ではない。しかし、鍼を数日前に打ってもらった先生から緊急の要件とは、何であろうか？　鍼を抜き忘れていた？　まさか。だが、そうでないならいったい何が。ひょっとして、新型コロナの濃厚接触者になってしまったか。それとも怪しい儲け話への勧誘か。体が一瞬、守りの姿勢で強張るのを私は感じた。

「あのね、うちに鍼を打ちに来る人の中にね、ラジオ番組のパーソナリティーをやってる人がいて、友田くんのことを話したら、面白そうだから、ラジオ番組に出ないかって言ってるんですよ。今から言う番号に、直接電話してくださいということですから」

「えっ？　ラジオ？」

「そうそう。門前仲町で事業をやりながら、ラジオ日本に番組を持ってるんですよ。悪い人じゃないですよ」

なるほど、ようやく事態が飲み込めた。私は数日前に鍼を打ってもらいに行った。ガチガチに凝り固まった体に鍼を打たれながら、仕事は忙しいの？と聞かれて、「最近、会社を辞めて、ひとり出版社を始めたんですよ」と答えたのだった。出会った面白いものを書く人たちの本を出版していくんです、などと。それを面白がった先生が、ラジオのパーソナリティーをしている人に紹介してくれたというわけだった。鍼を打ちに行き、ラジオへの出演の話が来るとはなんと不思議なことだろう。

長年お世話になっている吉田先生の言うことなら心配はない。私は聞いた電話番号に翌日電話を掛けた。それで一度は打ち合わせに出かけて、本を作るようになった経緯やこれまで刊行した本、その特徴などを話した。しばらくすると、番組の仔細な進行表が送られてきた。ラジオの収録に麻布の方まで出かけていった。パーソナリティーのSさんは、

「俺は本はまったく読まないんだよ」

とおっしゃっていたが、『うろん紀行』や、当時出版したばかりの『代わりに読む人0 創刊準備号』もそして、『パリのガイドブックで東京の町を闊歩する』までしっかり読まれていた。さすが長年番組を続けられている。うまい具合に話を聞き出してもらいながら活動や本の魅力を伝えたが、慣れない収録の緊張からか、私は汗だくになり、収録が終わると放心状態であった。対照的に、ますます元気に満ち溢れたラジオパーソナリティーのSさんが言った。

「友田さんの本は出てくるのがみんな東京の西の方だよね。東側が全然出てこないよ！」

「はあ」

矢印に沿って歩く（東西線、茅場町駅）

「もっと東側にも。門前仲町にもぜひ来てくださいよ。いい町だから」

「はあ」

　確かに東側にはあまり出かけていなかった。これまであまり縁がなかったからだ。だからこれは好都合であった。門前仲町に行く理由ができたわけだ。


　暑さも落ち着き、ようやく気候もよくなった十月末であったか、あるいはもう十一月になっていたかもしれない。天気のよい平日の昼に、私は門前仲町へと向かった。何をしに行くというわけではないが、確かに門前仲町に行ったという手応えがほしかった。もちろん、地下鉄に乗ってまっすぐ門前仲町に行ったっていい。しかし、私は思い立って、東西線を一つ手前の茅場町で降りた。そうだ門前仲町の門を歩いて見つけよう。ゲートボールのゲートに球を通すように、門をくぐってから帰ろうではないか。地上に上がると永代通りを歩いていく。門はないか、門はないか？　しかし、まだ門らしい門は見当たらない。代わりに別のものが目にとまった。ビルの入り口のドアに貼られたポスターである。「予防対策実施中常時3面窓開放中」とある。頭上を見ると、窓が開いている。では、こちらはと角を曲がると、確かに角の向こう側の窓も開いている。だが、これでは2面に過ぎない。肝心の3面目の窓はいったいどこにあるのだろうか？　とは言え、さすがにもう1面を探してビルの裏側や中に入っていくなどということはない。おそらくビルの裏側かどこかにも窓があり、そちらも開放しているのだろう。

「常時３面窓開放中」の文字

つい、ささいなことが気になってしまう。別に知ってどうということはない。ところが、その窓を見てからというもの、あちこちのビルの窓の開きが急に目に留まるようになった。そこも、あそこも、開いている。あちこち開いているのである。やがて前方から大きな水色に塗装された橋が見えてきた。どうやらそれが永代橋であるらしい。見ようによってはこれも門に見える。橋を渡る。気持ちの良い風が吹いている。私は門を探していた。

さらに歩いていくと、大きなビルの壁に、窓を拭くゴンドラがぶら下がっていた。また歩いていくと、立派なビルのショーウィンドウに、プラスチックでできたパレットが飾られていた。しかも、その上に大きな折り畳みコンテナがさらに折り畳みコンテナを抱いている。大理石の床がある。そして、人に商品を魅力的に見せるべきショーウィンドウは、パレットやコンテナという裏方の存在から最も遠い。いったいここは何なのか？　そうやって次々に目を止め、これはいったい?と考えているうちに、あっという間に門前仲町に着いてしまっ

上）もう１面はどこに？　下）ビルの窓が開いている

パレットにコンテナが積まれたショーウィンドウ

た。

ここまでに門はあったのだろうか？　それともまだこの先のどこかにあるのだろうか。門前仲町というくらいであるから、それはそれは立派な門があるに違いない。その門を探すべきだ。来る途中の地下鉄でも私はガイドブックを広げていた。さよう、パリのガイドブックである。私はパリの凱旋門について熟読していたのだった。

ルール1　東京のガイドブックには頼らない。
ルール2　パリのガイドブックは読む。
ルール3　フレンチトーストは好き。
ルール4　三軒茶屋行きのバスには乗らない。
ルール5　失敗に学ぶ。

これは「パリのガイドブックで東京の町を闊歩する」というこのエッセイシリーズでこれまでに加筆しながら掲げてきたルールである。このルールに則って東京を歩いていた。どうしたらそれで東京を闊歩できるのかわからぬままで歩きはじめる見切り発車であった。ところが、ある読んだ人から言われたのは、

「雷門の前で、「これが凱旋門ですね〜」などと言いながら歩くエッセイかと思った」

ということだった。あるいは、わかってますよとばかりに、

「東京のこの町がパリのあの街に雰囲気が似ているというようなマッピングをしていくんですよね？」

と同意を求められたこともあった。むろん、それはそれで面白いだろう。だが、私がやりたいのはそういうことではなかったのだ。東京の何かをパリの何かに見立てたっていい。ただ、それをやるというのなら、見立てるのを拒んでも拒んでも、どうしたって見立てねばならないような何物かを捉えたかったのだ。

門前仲町を歩いていてあらためてそう思い直していて、突然、『平家物語』のある挿話を思い出した。平家が栄華を極めていた時のことだ。太政大臣にまで登り詰めた平清盛は、平家を討伐しようとする密かな企てを察知し、その企てに加担した者たちをまとめて処罰する。そのうちの何人かが、鹿児島の遥か南方沖にある鬼界が島へと流された。丹波の少将成経《なりつね》、康頼《やすより》、俊寛《しゅんかん》僧都《そうず》の三人である。なんとか都に帰りたいと願う彼らのうち、康頼と成経とは、もともと熊野への信仰が篤く、なんとかして熊野をこの島内に祀り、都へ帰れるように祈願しようとする。ならば、あたりの大きな岩を適当に熊野と見立てて、手を合わせればよさそうなものだが、そうはしないのだ。熊野に似た場所や景観はないものかと必死に島内を探し回る。やがて、島内のどこよりもよい景観の場所にたどり着く。南を見ると、海が広がっている。振り返ってみると、そこに那智かと見まがう峰が聳え立ち、上から滝が落ちている。二人はまさにここは熊野と呼ぶに相応しい、そう確信して熊野を祀り、二人は毎日熊野詣でをしたのだという。結果、そうした信心の深さによって偶然が偶然を呼び、二人は赦され、都へと帰ることになったのだと『平家物語』は伝えている。だが、私はその信心の深さやそれによって生じた奇跡よりも、安易に見立てない精神にこそ、心を動かされたのだった。いや、熊野に見立てようとしながらも、格好の場所を見つけるまでは安易に見立てず、島内を歩き回ったというところに、共感を覚えたと言った方がいいかもしれない。それでも、これでもない、あそこでもない。二人はもっと熊野らしい場所をと考えて島を探し回る。見立ててからの祈りよりも、見立てるまでの方が実は肝心だったのではないか。あるいは祈るにし

門前仲町の手前にかかる永代橋も門のようだ

ても、そうして納得できる場所でなければ祈る甲斐がなかったのではないか。そもそも熊野から遠く離れた地に熊野があるはずもない。それでも、安易に見立ててしまっては、仕方がないのだ。あるはずのない場所に時間を掛けて、熊野を見出したのだ。

むろん、私は流罪に遭ったわけではない。あいにく熊野への信仰も持ち合わせてはいない。ただ、ある日突然降ってきた言葉「パリのガイドブックで東京の町を闊歩する」を啓示のように受け止めて、以来五年近く唱え続けてきたのだった。いったい、この言葉の何が私にそうさせているのか、私にもわからない。

門前仲町の門が見つからない。そこで、道ゆく人に、あるいは店に入って、

「あの、門前仲町の「門」を探しているのですが」

と尋ねてもよかったのかもしれない。だが、そうはしなかった。それでは意味がないような気がしていたのだ。「門」の入った言葉はいろいろある。門前払いに、門前の小僧。だが、門に入ろうとしなければ、追い払われることもないし、門前の小僧にしても、教えは知らず

ともせめてそこに門を見出してはいたはずだ。だから、私は門以前払い、門前の小僧以下ということになる。開けゴマ！と唱えたアリババたちも、そこに岩の扉を見出してはいたはずだ。無闇矢鱈に当てずっぽうで「開けゴマ！」と唱えていたわけではあるまい。門前仲町というからには、門は確かにあるのだろう。ではどこに門があるのか。これぞまさに門だというものを、熊野を見出した成経や康頼のように見つけるべきだろう。そうしてそれなりに苦労して見つけた門であれば、それをパリの凱旋門に見立てられるものかを、検討してもよい気がした。

しかし、ふとここで私は疑問に思った。なぜただ門前と呼ぶのか。何の門前か名前に入れていないのか。そんなことはこのあたりでは当たり前だということなのかもしれない。ローカルな地名ではありがちだ。つまり、門と言えば、そりゃあの門だということが周知の事実なのだ。わざわざどこそこのなんとかという門だと、地元の人が呼ぶはずがないのである。それは油揚げが、何を油で揚げるかを言わないことに似ている。豆腐屋で油揚げを買おうとする人がいる。これは何を油で揚げたのですか？と聞く。店主は呆れてものも言えないにちがいない。いや、一応、答えはするだろう。

「何をって……、そりゃ豆腐ですよ」

豆腐屋が何かを油で揚げる。それは豆腐に決まっているではないか。ところが、油揚げをスーパーで売るようになったから話がややこしくなる。スーパーで油揚げを売る。

「油揚げは何を油で揚げているのですか？」

スーパーの店員は言葉に詰まってしまう。

「何を油で揚げるって、そりゃもちろん……」

そこで各地のスーパーマーケットに豊富な品揃えこそ業績改善の鍵だと助言しつづけてきた経営コンサルタント・石井茂の出番なのだが、あたりに石井茂は見当たらない。スーパーでは、というか、スーパーだからこそ、何でも売る。豆腐だけを売るわけではない。だから、油揚げと言ったところで、それはコロッケだって、トンカツだって、油揚げなのだ。いったい何の話をしているのか。問題は門前仲町の門だ。何の門なのか？

それで思い出したのが、実家で営んでいた和菓子屋の話だ。お盆は年末の正月餅と並んで忙しい。正月餅も、雑煮に使う丸い小餅や飾りつける鏡餅というだけでなく、ちょっとした場所に飾る星付きさん、家々によってそれぞれの供えるべきものの流儀があり、オーダーメイドしていたのも面白かった。また、それはお盆もそうで、今では一度にまとめて供える家の方が多いかもしれないが、お盆は最初に先祖を迎えるお迎え団子、蓮の形をした干菓子、おはぎ、それからおけそくさん（小餅）、蓮の葉でおこわを包み蒸した蓮飯、お盆の終わりに先祖を見送る送り団子などがあり、供えるものや供える日、順番がそれぞれの宗派によって微妙に違うのだ。お客さんが来て、

「うちは今日はどれを……」

と言い、それを祖母が、

「ああ、モントさんは、今日はこれですねぇ」

と言って売った。モントさん？と私は思った。門間さんなら知っているが、モントさんという人は聞いたことがない。それに次々と来るお客さんに「モントさんですね」と言うのをはたで聞き、やがてそれは人の名前ではないと気付く。店頭には、模造紙に何日は何を供えるかを宗派ごとに表にまとめたものを木の板に貼ってぶら下げてあった。そこには、「浄土宗」とか「日蓮宗」などというように書かれているのだが、紛れて「モントさん」と書かれていた。モントさんとは何なのか？　子供の頃、どのような字を書くのかも知らず、ただ音だけで覚えていた。それは宗派の名前には見えない。そのような宗派は聞いたことがなかった。いったいそれは何かと不思議に思っていた。だが、あれから四十年近く思い出しすらしなかった。それを突然、門前仲町で答えとともに思い出した。そうかあれは「門徒さん」だったのか。しかし、では門徒さんとは、いったい何の門なのだ。ふと気になって調べた。それは浄土真宗の寺院の門徒のことなのだ。なるほどそう言われてみると、心当たりがある。近くに浄土真宗の別院があった。あの町では門徒と言えば、浄土真宗別院の門徒、といういうわけだ。

　さてでは門前仲町はどうなのか？　名前をわざわざ言う必要などない一目瞭然の門がきっとあるはずなのだ。

　町を歩く。すると、永代通りから北へ入る通りに、「成田山」と書かれた朱色の門が目に入った。ひょっとしてこれが門前仲町の門であろうか。門の左右の柱には、「深川不動堂」とあり、またもう一方には「東京別院」とあった。立派は立派なのだが、これは探している門ではないと咄嗟に思った。それが金属製のきれいで新しいものだったからかもしれない。きっともっと年季の入った門だ。門をくぐり、道を入っていくと、参道らしく参拝客を相手にする店が通りの両側に軒を連ねていた。さらに一本、細い道を入ると、そこには飲屋街があった。見上げると、店々の名前を書いた看板の並ぶ門があった。むろん、これが門前仲町の門である、はずはないのである。

門前仲町にあった朱塗りの成田山の門

近くにあった地図を見た。このあたりには深川不動堂と富岡八幡宮があるらしい。だが、肝心の門はどこにも見当たらない。深川不動堂には門らしき門は見当たらない。歩いていくと、やがて富岡八幡宮の前に着いた。酉の市が近いらしく、境内には多数の提灯が飾り付けられていた。ぐるりを歩いていくと、

「車のお祓い入り口」

と書かれた通りを見つけた。これも門と言えば門かもしれない。境内に入り、お参りをする。そして、参道を下っていくと、そこに突然、伊能忠敬の像を見つけた時には驚いた。

飲屋街の入り口にも門構えがある

どうやら、伊能忠敬がこのあたりに住んでいたようなのだ。「パリのガイドブックで東京の町を闊歩する」というとんでもないことをやっているところに、日本を測量して地図を作ろうと懸命に働いた伊能忠敬の像。何かぴったりというべきか、それとも正反対というべきか。偶然にも、そうしたものに出会うべくして出会ったような気になった。

神社にも詣でて、それからさらに歩き回った。しかし、門らしき門には出くわさない。門が見当たらなければ、それをパリ凱旋門に見立てようにも、見立てることはできない。だが、ないものは仕方がない。あきらめて、北へと歩いていく。まっすぐ歩いていくと清澄白河へ出られるらしい。橋を渡る。川の上に材木がある。材木の問屋や加工場であったのか、材木を立てておけるように、一階の天井が随分と高い建物が次々とある。そして、寺や墓地が続いている。夜中にこのあたりを歩いたらちょっと気味が悪いかもしれない。少なくとも空気がひんやりとしている。このあたりには私は一度も来たことがない。歩きながらそう思って

交通安全祈願のための門。自動車が普及する前はここに何があったのか？

パリのガイドブックで歩く私は、日本を測量し、
精確な地図をつくった男と出会った

いると、工場のような建物の前に人が集まっており、あたりを交通整理の係の人が誘導している。いったい何だろうかと前まで行くと、そこはブルーボトルコーヒーの国内一号店であった。この光景を見た瞬間、そうだ、私はここに一度来たことがあると思い出した。

もう十年近く前のことだ。海外出張で成田に早朝に着いた。ちょうどブルーボトルコーヒーの一号店が清澄白河にオープンしたというニュースを見ていた。一目、ブルーボトルコーヒーとやらを見てみたかった。平日の朝早くなら行列などなくコーヒーにありつけるのではないか。そう思った私は、成田から帰宅する途中でちょうど通る清澄白河で地下鉄を降りてみた。あとはGoogle Mapsで地図を見ながらいけばいい、と安易に考えていたのだが、海外の宿を出てから二十四時間近く経ち、バッテリーはほとんど干上がっていた。駅を出る時に辛うじて検索したブルーボトルコーヒーの位置を視覚的に焼き付けていた。だが、道筋や目印を覚えられぬままに、電池は切れてしまった。それで私は、地図もガイドもなく、確かこのあたりだというあたりをぐるぐると歩き回った。だが、なかなかブルーボトルコーヒーは見当たらない。店は見当たらないが、なぜか同じところに何度も戻ってきてしまう。一本違う筋を歩いたのかもしれないと、隣の通りを歩いていく。このあたりにあるはずなのだ。冷たい雨がぽつぽつと降り出していた。それでもうあと一周ぐるっと歩いてダメなら諦めよう。そんなことを考えていると、前からブルーボトルコーヒーのペーパーカップを手に持った女性が足早に歩いてきてすれ違った。しかし、まさかその人に向かって、

「あの！　ブルーボトルコーヒーはどこですか？」

と咄嗟に聞く勇気もない。いや、聞けばよかったと思う。今度カップを持った人が来たら絶対に尋ねてみよう。ところが、そうして構えると、誰も前から歩いてこない。やがて、マンションの前を掃除しているおじいさんに行き当たった。ニコニコと箒で通りを掃いている。

この人なら知っているのではないか。

「あの、ちょっと道をお尋ねしたいのですが」

「はいはい」

「このあたりに最近、ブルーボトルコーヒーというお店がオープンしたのですが、ちょっと道に迷ってまして、場所をご存じではないでしょうか？」

こう切り出した時点で相手は非常にニコニコしており、期待が高まっていた。

「あぁ！　はいはい！」

「ご存じですか⁉」

私が問うと、おじいさんは言った。

「いえ、知りません。えへへへへ」

だが、テレビでそのニュースは見たらしい。

「やってましたね。私も気になってますが、場所はわからないです」

礼を言って、去ろうとする私に、しかしそのおじいさんは言った。

「この細い通りを行くと、コンビニに出ますから、そこで聞かれたらいいんじゃないでしょうか？」

言われた通りに歩いていくと、確かにコンビニの前に出た。さっきからこのあたりをぐるぐると歩き回った時には、近くを歩いているはずなのに、コンビニには行き当たらなかった。一帯を塗りつぶすように歩いているつもりだったが、まったく塗りつぶしなどできていなかったようだ。それで飲み物を買い、店員さんにブルーボトルコーヒーの場所を尋ねると、その角を入ってまっすぐ歩いていくとありますよ、というように説明してくれた。おそらくすでに何人もの人に尋ねられているのだろう。その通り歩いていくと、ブルーボトルコーヒーにたどり着いた。やはり、先達はいた方がいい。

いや、しかし不思議なもので、このあたりには来たことがないと思っていたが、その場所まで来てみると、突然来たことがあったことを思い出した。それればかりか、来た時に起きたエピソードまでこうして事細かに思い出した。記憶というものは、私の頭の中にあるとばかり考えているが、むしろ記憶はその場所にあり、そこに来てみればこそ、思い出せるものなのだ。

その日、私は用事があって、清澄白河から押上の向こうまで行った。線路の踏切脇にある踏切長屋と呼ばれるシェアハウスを見に行った。ここでかつて踏切音に合わせてＤＪをする「MASH UP! 踏切ハウス」というイベントがあったことを映像で知ったからだった。そこからの帰り道、押上へとスカイツリーを見ながら歩いていく。遠くにあったものが、どんどんと大きく見えてきた。これを例えばエッフェル塔に見立ててみたらどうなのか？　しかし、私はやはりここでも簡単に見立てることを拒んでみるだろう。拒んでみた先で、何が私に起こるのか、何が思い出されるのかを見てみたい気がしている。

帰ってきてから、門前仲町の「門」とは何なのか調べてみた。江戸時代に建立され、明治時代に廃仏毀釈で取り壊されるまで、その土地に永代寺という大きな寺があり、その門前町として栄えたため、門前仲町と名付けられたのだという。なるほどそういうことかと思った瞬間に、ひょっとしてと私の頭をよぎるものがあった。すかさず私は調べることにした。永代寺とは何宗の寺院であるか？　さよう、それは高野山真言宗永代寺だったのである。私はこれにはたまげてしまった。もはや、「これも弘法大師のご利益かとは思わなかった」と言えば嘘になる。少しくらいは弘法大師のご利益かと思ったのだった。

「毎日、和食やったらお大師さんも飽きはるんちゃうかなと思いましてね」

というテレビの声が聞こえてくるような気がした。その日、私はチンジャオロースーを食べたかどうか。それはもう覚えていない。

あるはずのない場所に、あるはずのないものを見つけようとすれば時間が掛かるのだ。いや、そうではないのかもしれない。時間を掛ければ、時間と引き換えにあるはずのないものをそこに見出すことはできるのだ。何が本当で、何が本当の言葉なのか？　何は本当でないのか。そんなことはもはやどうでもよくなっていた。

（二〇二三・八）

駅に向かって歩くと、スカイツリーにたどり着く

友田とん

作家・編集者。ナンセンスな問いを立て日常や文学に可笑しさを見つける文章を書く。出版社・代わりに読む人代表。京都市出身、博士（理学)。2018年に刊行した自主制作書籍『『百年の孤独』を代わりに読む』をたずさえ全国を行商し、本屋さんへ営業したのをきっかけに、ひとり出版社・代わりに読む人を立ち上げる。自著『パリのガイドブックで東京の町を闊歩する1・2』のほか、『うろん紀行』(わかしょ文庫 著)、『アドルムコ会全史』(佐川恭一 著)、文芸雑誌『代わりに読む人』を編集・刊行。著書に『ナンセンスな問い』(エイチアンドエスカンパニー刊)、『ふたりのアフタースクール　ZINEを作って届けて、楽しく巻き込む』(共著・太田靖久、双子のライオン堂 刊)。敬愛する作家は、ガルシア＝マルケス、後藤明生。

編集後記

前作でついに続けて書き定期的に刊行する方法を発見したような気がしたのですが、続刊刊行までに三年以上の年月が掛かってしまいました。私は文学を好んで読んできましたが、決して専門的に文学を学んできた者ではありません。ただ、テレビ番組は熱心に繰り返し観てきました。だから、もし私がみなさんに何かをお伝えできるとしたら、とことんテレビを観たらどこまでたどり着けるかということだと思います。それが予想もしない形で結実したのが本書です。そんな本書を、いろんなアイデアでユーモアに満ちた形で体現してくださったデザイナーの千葉美穂さん、アイコンをちりばめた楽しい装画を描いてくださったいちろうさん、原稿を丁寧に読み、アドバイスくださった松井祐輔さん、誤字や表現のチェックに留まらず、言及したドキュメンタリー番組の中味までという徹底した事実確認をしてくださった校正の北村さわこさん、用紙の調達に奔走してくださった印刷会社さん、その他多くの方のご尽力で本書がお届けできました。本書を読んでくださった方々の中にユーモアが満たされることを願います。

先人は遅れてくる

パリのガイドブックで東京の町を闊歩する 3

2024年3月15日　初版第1刷発行

著者　友田とん

発行所　代わりに読む人

〒153-0065 東京都目黒区中町2-6-9-302
Web　https://www.kawariniyomuhito.com/
Email　contact@kawariniyomuhito.com
FAX　03-6704-5148

発行人　友田とん

装幀　千葉美穂

装画　いちろう

編集協力　松井祐輔

校正　北村さわこ

印刷・製本　シナノ印刷株式会社

定価 1,700円+税
ISBN 978-4-9910743-6-3 C0295 ¥1700E